Holocaust-Industrie und Vergangenheitspolitik

Politische Kulturforschung

Herausgegeben von Samuel Salzborn

Band 9

Zu Qualitätssicherung und Peer Review der vorliegenden Publikation

Die Qualität der in dieser Reihe erscheinenden Arbeiten wird vor der Publikation durch den Herausgeber der Reihe geprüft.

Notes on the quality assurance and peer review of this publication

Prior to publication, the quality of the works published in this series is reviewed by the editor of the series.

Marc Schwietring

Holocaust-Industrie und Vergangenheitspolitik

Norman G. Finkelstein und die Normalisierung des sekundären Antisemitismus in Deutschland

Bibliografische Information der Deutschen Nationalbibliothek
Die Deutsche Nationalbibliothek verzeichnet diese Publikation
in der Deutschen Nationalbibliografie; detaillierte bibliografische
Daten sind im Internet über http://dnb.d-nb.de abrufbar.

ISSN 1866-783X
ISBN 978-3-631-58478-1 (Print)
E-ISBN 978-3-653-04279-5 (E-Book)
DOI 10.3726/978-3-653-04279-5

© Peter Lang GmbH
Internationaler Verlag der Wissenschaften
Frankfurt am Main 2014
Alle Rechte vorbehalten.
Peter Lang Edition ist ein Imprint der Peter Lang GmbH.

Peter Lang – Frankfurt am Main · Bern · Bruxelles ·
New York · Oxford · Warszawa · Wien

Das Werk einschließlich aller seiner Teile ist urheberrechtlich
geschützt. Jede Verwertung außerhalb der engen Grenzen des
Urheberrechtsgesetzes ist ohne Zustimmung des Verlages
unzulässig und strafbar. Das gilt insbesondere für
Vervielfältigungen, Übersetzungen, Mikroverfilmungen und die
Einspeicherung und Verarbeitung in elektronischen Systemen.

Dieses Buch erscheint in der Peter Lang Edition
und wurde vor Erscheinen peer reviewed.

www.peterlang.com

Inhaltsverzeichnis

Einleitung 7

I. Norman G. Finkelsteins „Holocaust-Industrie" 15
   I.1 Zur Person Norman G. Finkelstein und zu seiner Rolle in
      der Goldhagen-Debatte 15
   I.2 Das Buch „Die Holocaust-Industrie" 22
   I.3 Kritik und Einordnung der Thesen Finkelsteins 38

II. Die deutsche Debatte um Norman G. Finkelsteins
    „Holocaust-Industrie" 51
   II.1 Verlauf der Debatte in der Bundesrepublik 51
       Exkurs: Peter Novick in der deutschen Finkelstein-Debatte 78
   II.2 Analyse der Finkelstein-Debatte in der Bundesrepublik
       Deutschland 82
       II.2.1 Sekundärer Antisemitismus 82
       II.2.2 Tabubruch 86
       II.2.3 Bestreiten der Singularität der Shoah 90
       II.2.4 Der Kronzeuge 92
       II.2.5 Rezeption in der extremen Rechten 93

Schlussbetrachtung 97

Abkürzungsverzeichnis 107

Bibliographie 109

Einleitung

„[…] Walsers Rede ist eigentlich steinalt, von damals nämlich, als ein Bürgermeister sagte, die Schonzeit für Juden sei vorbei. Und weil er eine doch sehr private Geschichte öffentlich bekanntgab, nämlich die, wenn er wegsieht, erzähl ich ihm eine andere Geschichte, nämlich darüber, wie ich hinsehe, sogar dann, wenn meine Schwester im Badezimmer ist, was mich ja eigentlich nichts angeht, […]
Warum sagt deine Schwester nicht aus? Warum? Sie ist doch eine Zeugin, eine wichtige Zeitzeugin? Meine Schwester sagt, sie muß erst schön werden und sich richtig anziehen dafür. Und wissen Sie, wie lange sich meine Schwester anzieht? Das kann ich gar nicht beschreiben. Meine Schwester zieht sich stundenlang an. Ich übertreibe nicht. Wirklich viele, viele Stunden. Das war schon früher so. Ich weiß nicht, was sie dann macht. Sie nimmt ihre Kleider in die Hand und schließt sich für zwei bis drei Stunden im Badezimmer ein. Seit Jahren. Da kann man davorstehen und dringend pinkeln müssen, das hat sie nie gerührt. Manchmal hatte ich Angst, weil man nichts hörte. Sie kommt dann irgendwann heraus und ist nicht geschminkt. Meine Schwester schminkt sich nicht. Heute glaube ich, sie zieht sich so lange an, damit sie sich einschließen kann. Wenn sie eingeschlossen ist, ist es wie damals, als sie sie einschlossen. Kleine Kinder haben Angst, wenn sie lange allein sind und eingeschlossen, ich weiß. Vielleicht geht sie da hinein in das Badezimmer für diese langen Stunden, damit sie weiß, daß sie jetzt aufschließen darf. Nie habe ich meine Schwester darüber reden hören.[…]"[1]

Um die Deutung von Geschichte und Interpretation der Vergangenheit für die Gegenwart gibt es auch im 21. Jahrhundert entschieden geführte politische Auseinandersetzungen. „Geschichte wurde und wird als Waffe, als politisches Kampfmittel gegen innere und äußere Gegner eingesetzt."[2] Denn die Deutung der Geschichte

---

1   Esther Dischereit: Wie ich hinsehe. Warum Martin Walsers Geschichte eigentlich steinalt ist, bspw. abgedruckt in: Schulz-Jander Eva u. a. (Hg.): Erinnern und Erben in Deutschland. Versuch einer Öffnung, Kassel 1999, S. 242–254. – Ich danke Shida Kiani, Elmar Maibaum, Marko Perels, Petra Spona und Samuel Salzborn für die großartige freundschaftliche Hilfe bei dieser Arbeit sowie Arne Behrensen für seine kenntnisreichen Hinweise und vor allem die Überlassung seiner Materialsammlung. Zudem danke ich Prof. Joachim Perels und Ak. Dir. Dr. Wolfgang Kreutzberger für ihre Betreuung und Unterstützung dieser Arbeit.
2   Edgar Wolfrum: Geschichte als Waffe. Vom Kaiserreich bis zur Wiedervereinigung, Göttingen 2002, S. 5.

dient der Legitimation des eigenen Handelns, der Konstruktion von Vergangenheit nach politischen Interessen.³ Dieser Deutungskampf um den Inhalt und die Funktion von Geschichte wird seit einigen Jahren in politikwissenschaftlichen Publikationen als „Geschichtspolitik" bezeichnet.⁴

Als der seit Bestehen der Bundesrepublik Deutschland wohl umstrittenste und vielfache, im Laufe des gesellschaftlichen Wandels sehr unterschiedliche geschichtspolitische Debatten zeitigende Teil der deutschen Vergangenheit ist der Nationalsozialismus und der Massenmord an den europäischen Juden, die Shoah⁵,

---

3   Vgl. ebd., S. 6.
4   Vgl. ders.: Geschichtspolitik in der Bundesrepublik Deutschland. Der Weg zur bundesrepublikanischen Erinnerung 1948–1990, Darmstadt 1999.
5   Shoah oder Schoah: hebräisch, ursprünglich allgemein Katastrophe. In Verbindung mit dem hebräischen Artikel [ha] wird dieses Substantiv zu der [einen] Shoah. „Schoah meint heute nicht irgendeine Katastrophe, sondern den gewaltsamen Tod, die Ermordung und Vernichtung des europäischen Judentums." Matthias Heyl: Von den Metaphern und der geteilten Erinnerung – Auschwitz, Holocaust, Schoah, Churban, „Endlösung", in: Helmut Schreier/ders. (Hg.): Die Gegenwart der Schoah. Zur Aktualität des Mordes an den europäischen Juden, Hamburg 1994. Für den Mord an den Jüdinnen und Juden Europas finden verschiedene Begriffe Verwendung (Shoah, Holocaust, Auschwitz, Zivilisationsbruch, Genozid usw.) und es wird darum gestritten, welcher das Geschehen adäquat beschreibt. Ich bin mir bewusst, dass wohl keine dieser Bezeichnungen die Dimension des Menschheitsverbrechens vollständig erfassen kann, sie bleiben als Metaphern alle notwendig hinter der Monstrosität der Tat zurück. Der Begriff Holocaust (griechisch für Ganz- oder Brandopfer) erscheint mir ob seiner religiösen Konnotation des *Opfers* und trotz seiner weiten Verbreitung gerade in der englischsprachigen Welt nicht angemessen. Die Metapher Auschwitz hat sicherlich ihre Stärke. So schreibt Detlev Claussen: „Mit Auschwitz wird unverwechselbar, sperrig gegenüber jedem rationalisierenden Begriff, pars pro toto das Universum der Konzentrations- und Vernichtungslager bezeichnet. [...] Der Name Auschwitz verweigert die Verschiebung auf ein unverständliches Fremdwort mit rationalisierendem Beiklang wie Holocaust, noch paßt es sich in ein Kontinuitätsbewußtsein von jüdischer Geschichte ein wie das Wort Shoah. Auschwitz repräsentiert den geschichtlichen Ort jenes Schreckens, der jeder nachträglichen Sinngebung sich verweigert." Detlev Claussen: Nach Auschwitz kein Gedicht?, in: Harald Welzer (Hg.): Nationalsozialismus und Moderne, Tübingen 1993, S. 240–247, S. 245. Doch kann der Begriff Auschwitz als Metapher m. E. verdecken, dass nicht nur Auschwitz der Ort des Verbrechens war, sondern das Verbrechen gleichsam „vor aller Augen" in deutschen Städten, Dörfern und in den besetzten Gebieten stattfand und dass neben der fabrikmäßigen Ermordung von Menschen in den Vernichtungslagern die Demütigung, Verfolgung, Beraubung und Ermordung im Alltag und von Angesicht zu Angesicht geschah. Vgl. bspw. Klaus Hesse/Philipp Springer: Vor aller

zu bezeichnen. Deren Deutung, der öffentliche wie auch private Umgang und die Erinnerung an die Verbrechen und die Opfer gehören zu den am stärksten umkämpften Themen der Bundesrepublik.[6] Denn hierbei geht es um die „nationale Identität", den Wunsch nach einer positiven Identifizierung mit der deutschen Nation, deren vermeintliche „Normalität" durch die Geschichte widerlegt wird. So wurde und wird versucht, die Bedeutung des Nationalsozialismus und der Shoah zu relativieren, umzudeuten oder zu leugnen, um ein von der Vergangenheit unbelastetes Deutschland konstruieren zu können.

Die Entwicklung der geschichtspolitischen Auseinandersetzungen verlief dabei keineswegs gleichförmig. Lange Zeit schien eher das Schweigen über die Verbrechen öffentlich zu dominieren.[7] In den 1990er Jahren wurde „die Vergangenheit des Nationalsozialismus dagegen so präsent wie noch nie in der Bundesrepublik"[8], es gab etliche energisch geführte Debatten um den Nationalsozialismus und die Aufarbeitung der Vergangenheit.[9] Diese folgten auch aufgrund bedeutsamer Jahrestage (wie etwa dem 8. Mai 1995, dem 50. Jahrestag des Kriegsendes) zusehends schneller aufeinander. In den Medien, den wissenschaftlichen und staatlichen Institutionen, aber auch in der Bevölkerung fanden diese geschichtspolitische Debatten um den Nationalsozialismus breite Resonanz.

Mit dem Umzug der Bundesregierung von Bonn nach Berlin und dem Regierungswechsel zur rot-grünen Koalition veränderte sich Ende der 1990er Jahre der politische Rahmen für die Auseinandersetzung mit der Vergangenheit in fundamentaler Weise. Aus der Bonner wurde die „Berliner Republik", deren historisch fundiertes Selbstverständnis von dem der Bonner Jahre abrückte, „die Negativfixierung auf die nationalsozialistische Vergangenheit" zugunsten „einer Neubewertung der Geschichte der Bundesrepublik seit 1949" gelockert wurde,

---

Augen. Fotodokumente des nationalsozialistischen Terrors in der Provinz, Essen 2002. Der Begriff Shoah erscheint mir vorläufig angemessen, da er die Spezifik der jüdischen Erfahrung ausdrückt. Vgl. auch James E. Young: Writing and Rewriting the Holocaust. Narrative and the Consequences of Interpretation, Bloomington and Indianapolis 1988.

6   Vgl. Peter Reichel: Vergangenheitsbewältigung in Deutschland. Die Auseinandersetzung mit der NS-Diktatur von 1945 bis heute, München 2001.
7   Vgl. bspw. Ralph Giordano: Die zweite Schuld oder Von der Last Deutscher zu sein, Hamburg 1987.
8   Einleitung, in: Michael Klundt u.a.: Erinnern, verdrängen, vergessen, Geschichtspolitische Wege ins 21. Jahrhundert, Giessen 2003, S. 13.
9   Vgl. Aleida Assmann/Ute Frevert: Geschichtsvergessenheit – Geschichtsversessenheit: Vom Umgang mit deutschen Vergangenheiten nach 1945, Stuttgart 1999.

wie es der Politikwissenschaftler Frank Brunssen bezeichnete.[10] Somit ist eine der Thesen dieser Arbeit, dass infolge dieses Wandels auch eine Veränderung der Bedeutung der NS-Vergangenheit für die Gegenwart in der „Berliner Republik" stattgefunden hat.

Im Frühjahr 2000, knapp anderthalb Jahre nach dem Sieg der rot-grünen Regierungskoalition bei den Bundestagswahlen 1998, begann erneut eine geschichtspolitische Debatte über den Umgang mit der NS-Vergangenheit in der Bundesrepublik. Verursacher war der US-amerikanische Politikwissenschaftler Norman G. Finkelstein, der in den USA und Großbritannien im Herbst 2000 ein Buch unter dem Titel „The Holocaust-Industry. Reflections on the Exploitation of Jewish Suffering" veröffentlichte.[11] Darin wirft dieser US-amerikanischen, jüdischen Überlebendenorganisationen unter anderem vor, bewusst mit falschen Überlebendenzahlen zu arbeiten, um von Deutschland höhere Entschädigungsgelder zu erlangen als es gerechtfertigt sei. Die deutschen Medien berichteten über diese Thesen, daraus entspann sich eine breite öffentliche „Finkelstein-Debatte" in der Bundesrepublik, die bis ins Jahr 2001 anhielt, als das Buch in einer deutschen Fassung veröffentlicht wurde.[12] Eine Analyse dieser Debatte will sich diese Arbeit vornehmen.

Dabei sind die die Analyse leitenden Fragen: Was ist die Besonderheit der „Finkelstein-Debatte"? Was hat sich im politisch-gesellschaftlichen Umgang mit dem Nationalsozialismus, mit der Erinnerung an die Shoah in der „Berliner Republik" und unter der rot-grünen Bundesregierung im Vergleich zu den geschichtspolitischen Auseinandersetzungen der Vorjahre in der Bundesrepublik geändert? Worin manifestiert sich dieser Wandel, was sind seine öffentlichen Erscheinungen? Welchen Anteil hatte die „Finkelstein-Debatte" daran? Lässt sich dieser konkreter identifizieren?

Denn obwohl, soviel sei an dieser Stelle bereits erwähnt, nahezu alle Akteurinnen und Akteure der Debatte mit Ausnahme derjenigen vom extrem rechten Rand des politischen Spektrums Finkelsteins Buch kritisierten, lohnt es sich, die Argumentationen, die „Rahmung" der Kritik und die Nuancen der Debatte genauer zu betrachten. Trotz der Kritiken wurde das Buch „Die Holocaust-Industrie" nämlich keineswegs als nicht diskutierenswert abgetan. Eine konträr und ausgiebig geführte Debatte fand hingegen statt.

---

10   Frank Brunssen: Das neue Selbstverständnis der Berliner Republik, in: Aus Politik und Zeitgeschichte B 1–2/2001, S. 6–14, S. 13.
11   Norman G. Finkelstein: The Holocaust Industry. Reflections on the Exploitation of Jewish Suffering, London/New York 2000.
12   Ders.: Die Holocaust-Industrie. Wie das Leiden der Juden ausgebeutet wird, München 2001.

Das Buch könne „für sich genommen [...] wohl ohne Verlust ignoriert werden. Doch sich mit den Reaktionen auf diesen Text als Ausdruck der ideologisch-politischen Verfaßtheit in diesem Land auseinanderzusetzen, erscheint um so notwendiger."[13]

In der politik- und geschichtswissenschaftlichen Auseinandersetzung kursieren drei Ansätze, die sich mit Politik bezogenen Zugriffen auf die Vergangenheit befassen: Geschichtspolitik, Vergangenheitspolitik und Erinnerungspolitik.

Nach Edgar Wolfrum wird

„in pluralistischen Gesellschaften [...] ständig Geschichtspolitik betrieben, denn politische Eliten – als gewichtiger Teil der Deutungseliten – gestalten und definieren das für einen politischen Verband konstitutive Ensemble von grundlegenden Vorstellungen, Normen, Werten und Symbolen."[14]

Ist diese Definition auf diverse historische politische Systeme anwendbar, war mit Vergangenheitspolitik zunächst der Umgang mit der NS-Vergangenheit in den 1950er Jahren gemeint. Konkret benennt Norbert Frei drei Funktionen dieser Politik: die weitreichende Amnestierung nicht nur geringfügig belasteter NS-Täter, die Reintegration der zuvor im Entnazifizierungsverfahren „Ausgeschiedenen" und schließlich die normative Abgrenzung von „Unbelehrbaren" und „Ewiggestrigen".[15]

Michael Kohlstruck weist darauf hin, dass die Begriffe „Geschichtspolitik", „Vergangenheitspolitik" und „Erinnerungspolitik" recht jung sind und in „politikwissenschaftlichen Untersuchungen [...] Erinnerung der Sache nach bereits sehr viel länger eine wichtige Rolle" spiele.[16] Die Einwerbung von Legitimität sei Zweck von Erinnerungspolitik, selbige „kann nur unter Einbeziehung der zugrunde liegenden Interessen und der legitimatorischen Funktionen angemessen untersucht werden."[17] Die politikwissenschaftliche Perspektive ziele „auf den

---

13 Rolf Surmann: Vorbemerkung, in: ders. (Hg.): Das Finkelstein-Alibi. „Holocaust-Industrie" und Tätergesellschaft, Köln 2001, S. 7.
14 Vgl. Edgar Wolfrum: Geschichtspolitik in der Bundesrepublik Deutschland 1949–1989 – Phasen und Kontroversen, in: Aus Politik und Zeitgeschichte B 45/98, S. 3–15, S. 5.
15 Vgl. Norbert Frei: Vergangenheitspolitik. Die Anfänge der Bundesrepublik und die NS-Vergangenheit, München 1999, S. 24.
16 Vgl. Michael Kohlstruck: Erinnerungspolitik. Kollektive Identität, Neue Ordnung, Diskurshegemonie, in: Birgit Schwelling (Hg.): Politikwissenschaft als Kulturwissenschaft, Wiesbaden 2004, S. 173–193, S. 173.
17 Ebd.

sozialen Kontext von Erinnerung im Allgemeinen und auf die Berücksichtigung gesellschaftlicher Macht im Besonderen."[18]

Die Analyse der Debatte um Norman G. Finkelsteins Buch „Die Holocaust-Industrie" wird in dieser Arbeit auf die Auseinandersetzung in der Bundesrepublik beschränkt bleiben und die diesbezügliche Debatte in den USA nur am Rande in vergleichender Perspektive, die Debatten in anderen Staaten dagegen nicht thematisieren, da hier der Schwerpunkt der Auseinandersetzung mit der Thematik auf den geschichtspolitischen Wandel in der Bundesrepublik gelegt werden soll, in dem die „Finkelstein-Debatte" verortet wird. Das Buch Norman G. Finkelsteins wurde aber auch in anderen Staaten (nach Kenntnis des Autors zumindest in Europa und Israel) veröffentlicht und dort in unterschiedlichem Ausmaß diskutiert.[19]

In einem ersten Abschnitt (Kapitel I) werde ich nach einer Darstellung der Person Norman G. Finkelsteins und seiner Biographie eine Zusammenfassung der Thesen seines Buches „Die Holocaust-Industrie" unternehmen, wobei bereits hier eine systematisierte Form gewählt wird, die eine kritische Auseinandersetzung erleichtern soll. Daran anschließend werde ich die Thesen Finkelsteins einer Analyse und Einordnung in ihren gesellschaftspolitischen Entstehungsrahmen unterziehen. Dieser Abschnitt dient gleichsam als Einstieg und Basis der Analyse der Debatte, deren Akteurinnen und Akteure sich ohne Ausnahme auf die Thesen des Buches bezogen und durch dessen Erscheinen zur Debatte erst angeregt wurden.

Davon ausgehend erfolgt im nächsten Abschnitt der Arbeit (Kapitel II.1.) eine Darstellung der Phänomenologie der „Finkelstein-Debatte", in der der genaue chronologische Ablauf, die Akteurinnen und Akteure, die Ebenen sowie die Dauer, Intensität und Erscheinungsformen skizziert werden, aber noch nicht inhaltlich auf die Argumentationen und Inhalte eingegangen wird. Anhand der Phänomenologie lassen sich bereits erste Schlüsse zum Stellenwert der „Finkelstein-Debatte" im Kontext der Debatten der 1990er Jahre ziehen. Ein konkreter Vergleich mit anderen geschichtspolitischen Auseinandersetzungen kann hier aber nicht vorgenommen werden.

Im folgenden Abschnitt (Kapitel II.2.) werde ich die genaue inhaltsbezogene Analyse der Rezeption des Buches, also der „Finkelstein-Debatte" in Deutschland in strukturierter Form vornehmen. Dabei werden die einzelnen in der Debatte m. E. aufscheinenden Ideologeme identifiziert, erläutert und in den geschichtspolitischen

---

18   Ebd., S. 188.
19   In Italien wurde überdies eine apologetische Monographie über „Die Holocaust-Industrie" publiziert: Vgl. Mario Spataro: Olocausto: Dal dramma al business? Riflessioni sugli scritti di Norman G. Finkelstein, Roma 2000.

Rahmen eingeordnet. Dadurch soll die Vergleichbarkeit mit anderen Debatten der 1990er Jahre und die Position der Finkelstein-Debatte in der geschichtspolitischen Entwicklung der „Berliner Republik" ermöglicht werden.

Im Schlussteil will ich abschließend auf einige der in der „Finkelstein-Debatte" auftauchenden Ideologeme eingehen, sowie eine Bewertung der Debatte und Differenzierung ihres spezifischen Stellenwerts vornehmen.

Mit der Methode einer kritischen Überblicksanalyse werde ich die Rezeption von Finkelsteins Buch ideologiekritisch untersuchen.[20] Der Ansatz der Überblicksanalyse folgt der kritischen Diskursanalyse nach Jäger und anderen.[21] Der Untersuchungsgegenstand dieser Arbeit ist dabei die bundesdeutsche „Finkelstein-Debatte", die in nahezu allen deutschen Medien geführt wurde. Dabei werde ich eine Auswahl von zumeist Zeitungs- und Zeitschriftenartikeln zum Thema auswerten, die innerhalb des festgelegten Zeitraums erschienen sind. So soll ein „synchroner Schnitt" durch den Diskursstrang „Finkelstein-Debatte" versucht werden, da nur durch das Zusammenwirken mehrerer Diskursebenen eine breite, öffentlich wahrgenommene Debatte hergestellt werden kann. „Hier wird man nach wohlbegründeten Exempla aus den verschiedenen Diskursebenen suchen müssen und deren Zusammenwirken exemplarisch aufzeigen."[22]

Dabei wird meine hier vorgenommen qualitativ ausgerichtete Diskursanalyse des Diskursstrangs „Finkelstein-Debatte" ohne den Anspruch der Vollständigkeit einer soziologischen Diskursanalyse einzelner Diskursfragmente auskommen müssen, da dies hier nicht leistbar ist. Auch eine linguistische Feinanalyse des kompletten Diskursstranges, die jeden einzelnen zum Thema erschienen Artikel Schritt für Schritt analysiert ist im Rahmen dieser Arbeit nicht möglich und würde zur Erforschung ihres Themas kaum sinnvoll sein.

Neben der gesellschaftlichen Dimension der überblicksartigen Rezeptionsanalyse, erfolgt in dieser Arbeit auch eine kritische Befassung mit dem Buchtext und

---

20 Vgl. Andreas Hirseland/Werner Schneider: Wahrheit, Ideologie und Diskurse. Zum Verhältnis von Diskursanalyse und Ideologiekritik, in: Reiner Keller u. a. (Hg.): Handbuch Sozialwissenschaftliche Diskursanalyse, Band 1: Theorien und Methoden, Opladen 2001, S. 373–402.

21 Vgl. Siegfried Jäger: Kritische Diskursanalyse. Eine Einführung, 2. überarbeitete und erweiterte Auflage, Duisburg 1999. Zur Methodik siehe ebd., S. 158–214.

22 Siegfried Jäger: Bemerkungen zur Durchführung von Diskursanalysen. Vortrag auf der Tagung „>Das große Wuchern des Diskurses.< Der Diskurs als unberechenbares Ereignis" am 3. und 4.7.1997 in der Universität GH Paderborn (Fachbereich Sozialwissenschaften. Leitung: Hannelore Bublitz) auf www.uni-duisburg.de/diss/ vom 10.2.2004.

dessen gesellschaftlich-kulturellen Entstehungszusammenhang. Die Untersuchung stützt sich dabei auf die Analyse von bereits erwähnten Zeitungs- und Zeitschriftenbeiträgen aus zumeist überregionalen, aber auch einigen regional verorteten Medien als Quellenmaterial, daneben auch auf Fernseh- und Radiobeiträge, publizierte Bücher, Internetressourcen sowie Finkelsteins eigene Homepage.

Durch die verwendete Methodik versuche ich zu überprüfen, ob ein Wandel der politischen Kultur der „Berliner Republik" in den letzten Jahren wahrzunehmen ist und worauf dieser gründen könnte.

I. Norman G. Finkelsteins „Holocaust-Industrie"

In diesem Kapitel werden zur Einführung ins Thema und zur Fundierung der in den folgenden Kapiteln unternommenen Debatten-Analyse eine kurze biographische Vorstellung Norman G. Finkelsteins vorgenommen und einige Aspekte der „Goldhagen-Debatte" als Vorgeschichte der Debatte um die „Holocaust-Industrie" aufgezeigt (I.1). Darauf erfolgt eine zusammenfassende Darstellung der Thesen aus Finkelsteins Publikation (I.2), an die eine Kritik und Einordnung des Buches und seiner Thesen anschließt (I.3).

I.1 Zur Person Norman G. Finkelstein und zu seiner Rolle in der Goldhagen-Debatte

Der Politikwissenschaftler Norman G. Finkelstein wurde 1953 in Brooklyn, New York, geboren. Seine Eltern waren Überlebende der Shoah, seine Mutter Maryla Husyt Finkelstein überlebte das Warschauer Ghetto und das Vernichtungslager Majdanek, sein Vater Zacharias Finkelstein war ebenfalls im Warschauer Ghetto interniert und überlebte das Vernichtungslager Auschwitz. Norman Finkelstein betont den Stellenwert dieser Herkunft und das Vermächtnis seiner Eltern für sein Leben ausdrücklich in seinen Büchern und auf seiner Homepage[23] – sein erstes Buch „Image and reality of the Israel-Palestine conflict" ist seinen Eltern mit den Worten gewidmet: „May I never forgive or forget what was done to them."[24]

---

23 Vgl. „Biography" auf Finkelsteins persönlicher Homepage http://www.normanfinkelstein.com/|-id17.htm vom 19.1.2005; dort wird auch betont: „His brothers Richard and Henry Finkelstein would like all visitors to this web site to know that the surviving family fully supports Norman's efforts to maintain the integrity of the history of the Nazi holocaust. May we never forgive or forget what was done."

24 Vgl. Norman G. Finkelstein: Image and reality of the Israel-Palestine conflict, London/New York 1995 (Deutsche Übersetzung: Der Konflikt zwischen Israel und den Palästinensern: Mythos und Realität, Kreuzlingen/München 2002).

Seine Dissertation verfasste Finkelstein an der Princeton University über die Theorie des Zionismus.[25] Nach Lehraufträgen an der City University of New York unterrichtete er Politikwissenschaft an der DePaul University in Chicago.[26] Finkelstein ist neben dem bereits oben erwähnten Titel laut seiner Homepage Verfasser von drei weiteren Büchern: „The rise and fall of Palestine: a personal account of the Intifada years"[27], „A nation on trial: The Goldhagen thesis and historical truth"[28] und schließlich „The Holocaust-Industry. Reflections on the Exploitation of Jewish Suffering". Nach eigenen Angaben veröffentlichte er Aufsätze in mehreren Zeitschriften, darunter *The London review of books*, *Index on censorship*, *Journal of Palestine studies*, *New left review*, *Middle East report* und *Al Ahram weekly*.[29]

Erstmalig einer breiteren Öffentlichkeit in der Bundesrepublik bekannt wurde Norman G. Finkelstein mit seiner Kritik an Daniel Jonah Goldhagens Buch „Hitler's willing executioners: ordinary Germans and the Holocaust"[30]. Der US-amerikanische Politikwissenschaftler Goldhagen hatte in seiner Dissertation die These aufgestellt, dass „ganz gewöhnliche Deutsche" während der Zeit des Nationalsozialismus die Juden Europas in der Mehrheit willentlich verfolgten und ermordeten, und die Rolle des Antisemitismus für den Nationalsozialismus und seine Verwurzelung in der deutschen Geschichte untersucht.[31] Goldhagens Arbeit war daraufhin vor allem auch von Historikerinnen und Historikern aus der Bundesrepublik scharf angegriffen worden.[32] Die Veröffentlichung seines

---

25 Vgl. Norman G. Finkelstein: From the jewish question to the jewish state, Politics Department, Princeton University 1987; Finkelstein, Konflikt, 2002, S. 303.
26 Vgl. „Biography", 19.1.2005.
27 Norman G. Finkelstein: The rise and fall of Palestine: a personal account of the Intifada years, Minneapolis 1996 (Deutsche Übersetzung: Palästina. Ein persönlicher Bericht über die Intifada, Kreuzlingen/München 2003).
28 Ders. und Ruth Bettina Birn: A nation on trial: The Goldhagen thesis and historical truth, New York 1998 (Deutsche Übersetzung: Eine Nation auf dem Prüfstand. Die Goldhagen-These und die historische Wahrheit. Mit einer Einleitung von Hans Mommsen, Hildesheim 1998).
29 Vgl. „Biography", 19.1.2005.
30 Daniel Jonah Goldhagen: Hitler's willing executioners: ordinary Germans and the Holocaust, New York 1996 (Deutsche Übersetzung: Hitlers willige Vollstrecker: ganz gewöhnliche Deutsche und der Holocaust, Berlin 1996).
31 Vgl. ebd.
32 Vgl. Johannes Heil/Rainer Erb (Hg.): Geschichtswissenschaft und Öffentlichkeit. Der Streit um Daniel J. Goldhagen, Frankfurt am Main 1998; kritisch zur Rezeption in der deutschen Historikerzunft: Fred Kautz: Gold-Hagen und die „Hürnen

Buches führte hier aber zu einer breiten Debatte über fachwissenschaftliche Kreise hinaus.[33]

Im Sommer des Jahres 1997 berichtete das Nachrichtenmagazin *Der Spiegel* über einen kurz zuvor in der Londoner Zeitschrift *New left review* publizierten Aufsatz Finkelsteins,[34] in dem dieser harsche Kritik an Goldhagen geübt hatte.[35] Finkelstein wurde den deutschen Leserinnen und Lesern als „Palästina-Spezialist"[36] vorgestellt, der nachweise, dass Goldhagen durch Tricksereien seine Quellen verdreht habe.[37] *Der Spiegel* erläuterte, dass der Erfolg von Goldhagens Buch nach Finkelsteins Auffassung „ein Symptom für die Fragwürdigkeit des neuen Faches ‚Holocaust Studies' und seine politische Motivation"[38] sei. Laut Finkelstein, so heißt es in dem Artikel weiter, sei „Der Holocaust"[39] ein „Deutungsmuster, das seit dem [israelisch-arabischen; Anmerkung M.S.] Sechstagekrieg 1967 von radikalen US-Zionisten kathederreif gemacht wurde."[40]

Der Text endet mit einer Versicherung von Finkelsteins Glaubwürdigkeit:

„Sicher ist, daß Finkelstein mit seiner Attacke keinerlei Ambitionen verbindet. Die unfassbaren Greueltaten des NS-Regimes würde er gewiß als letzter herunterspielen wollen: seine Eltern waren im Warschauer Ghetto. Die Mutter überstand das

---

Sewfriedte": die Holocaust-Forschung im Sperrfeuer der Flakhelfer, Hamburg 1998.

33 Vgl. bspw. Julius H. Schoeps (Hg.): Ein Volk von Mördern? Die Dokumentation zur Goldhagen-Kontroverse um die Rolle der Deutschen im Holocaust, 4. Aufl., Hamburg 1996; Matthias Küntzel u. a.: Goldhagen und die deutsche Linke – oder: Die Gegenwart des Holocaust, Berlin 1997; zur Verbreitung antisemitischer Stereotypen in der Rezeption von Goldhagens Buch vgl. Wolfgang Wippermann: „Jüdischer Scharfrichter"? Goldhagen und die „selbstbewußte Nation", in: ders.: Wessen Schuld? Vom Historikerstreit zur Goldhagen-Kontroverse, Berlin 1997, 98–122, S. 109ff. und Lars Rensmann: Demokratie und Judenbild. Antisemitismus in der politischen Kultur der Bundesrepublik Deutschland, Wiesbaden 2004, S. 335–356.

34 Vgl. Goldhagen – ein Quellentrickser?, in: Der Spiegel 33/1997 vom 11.8.1997, S. 156–158.

35 Vgl. Norman G. Finkelstein: Daniel Jonah Goldhagen's ‚Crazy' Thesis: A Critique of *Hitler's Willing Executioners*, in: New left review, Number 224, July/August 1997, S. 39–87; dort heißt es bspw.: „Goldhagen's book is worthless as scholarship." Ebd., S. 39f.

36 Quellentrickser, 1997, S. 156.

37 Vgl. ebd., S. 157f.

38 Ebd., S. 158.

39 Auf Finkelsteins Definition und Abgrenzung von „Der Holocaust" zum Holocaust ohne Anführungszeichen und groß geschriebenen Artikel gehe ich in Kapitel I.2. ein.

40 Ebd.

Todeslager Majdanek, der Vater überlebte Auschwitz. Es läßt Finkelsteins Stimme beben, wenn er sagt: ‚Goldhagens Buch ist eine Schändung – der Erinnerung und der Wahrheit.'"[41]

In der folgenden *Der Spiegel*-Ausgabe wurden sogar auf fünf Seiten ins Deutsche übersetzte Auszüge aus Finkelsteins den deutschen Leserinnen und Lesern gegenüber bereits bekannt gemachten *New left review*-Aufsatz veröffentlicht.[42] Finkelstein wurde dabei nochmals explizit als Sohn von Holocaustüberlebenden portraitiert, der eine „Fülle innerer Widersprüche" in Goldhagens Buch aufdecke und gleichzeitig „den Wahrheitsanspruch des neuen US-Forschungszweigs ‚Holocaust Studies' in Frage" stelle.[43]

In den Auszügen wird behauptet, dass Goldhagens Buch „überhaupt keine wissenschaftliche Studie"[44] sei. Goldhagens These von der Verbreitung des Antisemitismus in der deutschen Bevölkerung und dessen Relevanz für die Unterstützung der nationalsozialistischen Vernichtungspolitik weist Finkelstein – freilich ohne stichhaltige Belege für seine Auffassung vorbringen zu können – mit der genau gegenteiligen These zurück: „Die überwältigende Mehrheit der Deutschen verurteilte die antisemitischen Greueltaten der Nazis sogar."[45]

Finkelsteins Äußerungen fanden infolge dieser Veröffentlichung durchaus öffentliche Resonanz. So behauptete einer der Herausgeber der *Frankfurter Allgemeinen Zeitung (FAZ)*, Frank Schirrmacher, kurz darauf, dass sich „jetzt erst, mit dem Auftreten Norman Finkelsteins", die „Szene" verändere.[46] Denn es gehe „hier nicht mehr um ‚ganz gewöhnliche Deutsche und den Holocaust'", es gehe „um das jüdische Selbstverständnis und den Holocaust". Schirrmacher zog das Fazit: „Während Goldhagen die Historisierung des Holocaust mit gewagten Thesen und literarischen Schocks imaginativ aufhalten wollte, historisiert Finkelstein Goldhagens Thesen als Beiträge einer ‚zionistischen Ideologie'."[47]

In einer späteren Ausgabe desselben Jahres interviewte *Der Spiegel* die im kanadischen Justizministerium arbeitende Historikerin Ruth Bettina Birn und kündigte ein von ihr gemeinsam mit Finkelstein herausgegebenes Buch für das

---

41 Ebd.
42 Vgl. „Alles und nichts erklärt", in: Der Spiegel 34/1997 vom 18.8.1997, S. 56–62.
43 Vgl. ebd., S. 57.
44 Ebd., S. 56.
45 Ebd., S. 60.
46 Vgl. Frank Schirrmacher: Verdreht. Ein Streit um Goldhagen, in: Frankfurter Allgemeine Zeitung vom 19.8.1997.
47 Ebd.

nächste Frühjahr an.[48] Auch Birn hatte in den USA eine kritische Rezension von Goldhagens Buch veröffentlicht.[49] In dem *Spiegel*-Interview erklärte sie nun den Hintergrund der Debatte um Goldhagen damit, dass 50 Jahre nach dem Holocaust, „wo es kaum noch Überlebende" gebe, „eine Art Verteilungskampf unter den Nachgeborenen eingesetzt zu haben" scheine und Goldhagens Buch „böse gesagt" den Holocaust „als Andachtsbild für den reichen nachgeborenen Spender in Amerika" zeichne.[50]

Im Jahr 1998 wurde eine leicht veränderte Version von Finkelsteins *New left review*-Aufsatz zusammen mit Birns überarbeitetem Text in dem Buch „A nation on trial" veröffentlicht. Im selben Jahr erschien auch die deutschsprachige Übersetzung mit einer Einleitung des renommierten deutschen Historikers Hans Mommsen, in der dieser Finkelstein „zu den pointiertesten Kritikern des Zionismus"[51] zählte. Während Mommsen sich von einigen Schlussfolgerungen Finkelsteins distanzierte, betonte er, dass man „doch aus seiner scharfsinnigen Analyse von *Hitlers willigen Vollstreckern* einigen Nutzen ziehen" könne.[52]

---

48 Vgl. „Holocaust als Andachtsbild". Interview mit NS-Expertin Ruth Bettina Birn über Daniel Goldhagens Attacken auf Kritiker, in: Der Spiegel 46/1997 vom 10.11.1997, S. 266f.
49 Vgl. Ruth Bettina Birn: Revising the Holocaust, in: The historical journal, Bd. 40, H. 1 (1997), S. 195–216.
50 Vgl. „Holocaust als Andachtsbild" 1997, S. 267.
51 Hans Mommsen: Einleitung, in: Birn/Finkelstein, Nation, 1998, S. 9–22, Zitat S. 18.
52 Vgl. ebd., S. 22. Es sei darauf hingewiesen, dass auch Mommsen behauptete, die Popularität von Goldhagens Buch habe „mit der Identitätskrise des amerikanischen Judentums zu tun, die durch erneute Beschwörungen des Holocaust überdeckt und gemildert [sic!]" werde: „Der hohe Anteil von Mischehen deutet darauf hin, daß der bislang fest gefügte Block der jüdischen *community* anhaltenden auseinanderstrebenden Kräften ausgesetzt ist." Die deutsche Reaktion sei „demgegenüber" von einer „spezifischen Sensibilisierung für zeitgeschichtliche Themen geprägt." Vgl. ebd., S. 10. Ähnlich hatte im Vorjahr schon Jörn von Uthmann den „Hintergrund" der Goldhagen-Kontroverse im Berliner *Tagesspiegel* gedeutet: „Auch die jüdischen Organisationen [in den USA; M.S.] erinnern immer wieder an die Gaskammern und Konzentrationslager. Sie verfolgen damit einen doppelten Zweck: Zum einen soll das rituelle Gedenken den Regierenden in Washington vor Augen halten, daß Israel ein zweiter Holocaust drohe, falls Amerika seine schützende Hand abziehe. Zum anderen soll es die amerikanischen Juden, die in ihrer Mehrheit christliche Partner heiraten und auf dem besten Wege sind, im *mainstream* aufzugehen, auf einen gemeinsamen Bezugspunkt – wenn schon nicht in der Gegenwart, dann jedenfalls in der Vergangenheit – einschwören." Vgl. Jörg von Uthmann: Völkerpsychologie, in: Der Tagesspiegel vom 16.4.1996.

Im Einband des Buches wurde Finkelstein als „Spezialist für Israelfragen" vorgestellt, der mit seiner „wohlfundierten Polemik" einen „beunruhigenden Hintergrund" aufdecke: Goldhagen bestätige „ein manichäisches Weltbild, in dem Deutsche stets das Böse, Juden aber die Unschuld verkörpern."[53]

Bereits in diesem Aufsatz erwähnte Finkelstein eine „Holocaustindustrie", in deren „Politik" Raul Hilbergs Autobiographie „eine Fülle von Einsichten" liefere.[54] Neben den oben bereits beschriebenen Versuchen, seine Gegenthese zu Goldhagen, dass der nationalsozialistische Vernichtungs-Antisemitismus nicht von der Mehrheit der Deutschen getragen worden sei, zu belegen und Goldhagen der Manipulation seiner Quellen zu überführen, verglich Finkelstein den Nationalsozialismus mit Rassismus in anderen Staaten, insbesondere in den USA, und setzte beide zudem mehrmals gleich.[55]

Im letzten Abschnitt seines Aufsatzes ging Finkelstein ausführlich auf seine „Holocaustindustrie"-These ein. Er unterschied hier zwei „widersprüchliche Literaturen": einerseits eine „Holocaust-Wissenschaft", die „historisch und multikausal" vorgehe, andererseits eine „aus ideologischen und politischen Motiven" betriebene „Holocaust-Literatur", die „ahistorisch und monokausal" verfahre und die Einzigartigkeit des Holocaust vertrete.[56] Zu letzterer zählte Finkelstein Wissenschaftler wie Yehuda Bauer, Dan Diner und andere. Weiter schrieb er hier: „In den letzten Jahren ist die Holocaust-Literatur zu einer veritablen Holocaustindustrie hochgeschossen."[57] Doch Goldhagen, „der erste Holocaust-Ideologe", habe „die Grenze zwischen den Lagern" überschritten – er wolle „eine ahistorische und monokausale These der historisch und multikausal verfahrenden Wissenschaft aufpfropfen".[58] Was „Goldhagen für die Holocaust-Literatur" sei, entspräche zumal dem, was der Shoah-Überlebende und Publizist „Elie Wiesel für das Gedenken des Holocaust" darstelle, denn auch Wiesel verfälsche die Wahrheit und stehe für eine „ahistorische monokausale Lesart der Vergangenheit".[59]

---

53 Siehe Einband von Birn/Finkelstein, Nation, 1998.
54 Vgl. Norman G. Finkelstein: Daniel Goldhagens „Wahnsinnsthese": *Hitlers willige Vollstrecker* – eine Kritik, in: Birn/Finkelstein, Nation, 1998, S. 23–136, Fn. 3, S. 26 („Holocaustindustrie" ist hier von ihm in Anführungszeichen gesetzt).
55 Vgl. bspw. ebd., S. 69f., S. 113ff.
56 Vgl. ebd., S. 120ff. Im *New left review*-Aufsatz hatte Finkelstein „German scholarship" gegen „Holocaust studies" gesetzt, vgl. Finkelstein, Critique, 1997, S. 83. „Holocaust studies" entsprechen also dem hier verwendeten Begriff „Holocaust-Literatur".
57 Ebd., Fn. 81, S. 123.
58 Vgl. ebd., S. 124; des Weiteren habe Goldhagen ein „anderes Genre" erfunden: „Holoporn", vgl. ebd., Fn. 81, S. 123.
59 Vgl. ebd., Fn. 83, S. 125.

Die „Holocaust-Literatur" habe ihre „erste Blüte im Gefolge des israelisch-arabischen Kriegs von 1967" erlebt, was eben auch der „entscheidende politische Kontext für das Verständnis des Goldhagen-Phänomens" sei.[60] Denn seit diesem Zeitpunkt gelte Folgendes:

> „Die amerikanischen Juden sonnten sich in Israels Ruhm, aber sie hatten auch zu kämpfen mit der zunehmenden Mißbilligung der repressiven israelischen Politik. In diesem Klima mußte die Vorstellung von einem unausrottbaren Antisemitismus auf fruchtbaren Boden fallen. […] ‚Der Holocaust' bezeichnet im Grunde das zionistische Verständnis des Holocaust der Nationalsozialisten. Man stürzte sich nach dem Junikrieg von 1967 geradezu auf dieses Thema, weil sich das als politisch zweckmäßig erwies."[61]

Da Israel als einzig sicherer Schutz vor einem neuerlichen Ausbruch von mörderischem Antisemitismus gelte, werde der jüdische Staat so gegen Kritik immunisiert.[62] Ebenso hätten „jüdische Neokonservative" auf die „Holocaust-Karte" gesetzt, um „Kritik abzubiegen".[63] Goldhagen, so Finkelsteins Fazit, biete den Juden mit seiner Studie und deren Fokus auf den Antisemitismus also insgesamt eine „doppelte Entlastung: totale Schuldlosigkeit und totale Lizenz."[64]

Bemerkenswert ist, dass Finkelstein weder ausgewiesener Experte ist, noch je zuvor zu den Themen Nationalsozialismus und Shoah publiziert hatte. Des Weiteren, darauf haben mehrere Kritiker Finkelsteins hingewiesen, konnte er persönlich Goldhagens deutschsprachige Quellen gar nicht überprüfen, da er selbst kein Deutsch spricht.[65] Die Frage sei daher gestellt, was Finkelsteins Qualifikation als in die öffentliche Debatte in der Bundesrepublik eingeführter Kontrahent von Daniel Jonah Goldhagen ausmachte.

---

60 Vgl. ebd., S. 125f.
61 Ebd., S. 127f.
62 Vgl. ebd., S. 128ff.
63 Vgl. ebd., Fn. 91, S. 131f.
64 Ebd., S. 131. Goldhagen blicke demnach durch eine „ultra-Zionist lens", vgl. Finkelstein, Critique, 1997, S. 85.
65 Vgl. bspw. Arne Behrensen: Finkelsteins Feldzug und seine deutschen Fans, Referat in Göttingen am 27. Juni 2001, Vortragsmanuskript, S. 2. Steven J. Zipperstein, Koshland Professor for Jewish Studies an der Stanford University, schrieb etwa: „He [Finkelstein; M.S.] attacked the scholarship of Daniel Jonah Goldhagen's Hitler's Willing Executioners without, as he readily admitted, being able to read the German sources on which the highly controversial book is built." Vgl. Steven J. Zipperstein: Profit and Loss, in: The Washington Post vom 24.9.2000.

I.2 Das Buch „Die Holocaust-Industrie"

Im Jahr 2001 erschien Finkelsteins Buch „Die Holocaust-Industrie. Wie das Leiden der Juden ausgebeutet wird" auf dem deutschen Buchmarkt beim Münchner Großverlag Piper.[66] Im Jahr zuvor war die englischsprachige Ausgabe „The Holocaust Industry. Reflections on the Exploitation of Jewish Suffering" beim in London und New York ansässigen Verso-Verlag veröffentlicht worden. Verso wirbt mit dem Slogan „Books with a critical edge" und charakterisiert sich selbst als „independent" und „the largest radical publisher in the English-language world".[67]

Viele der in seinem neuen Buch dargelegten Thesen hatte Finkelstein bereits in seiner Kritik an Goldhagen geäußert. Und schon vier Jahre zuvor, in seinem 1996 veröffentlichten Bericht "The rise and fall of Palestine: a personal account of the Intifada years" schrieb er: „Israel won sympathy and masked its systematic violations of human rights in no small part by exploiting the memory of the jewish people's martyrdom."[68] An anderer Stelle heißt es:

> „Just as Germans for generations to come would have to bear the burden of Nazism, so Jews for many generations to come would have to bear the burden of Israel's merciless assault against the Palestinian people. [...] Israel's terroristic war against the Palestinians had also besmirched the memory of the six million Jewish martyrs."[69]

Doch in „Die Holocaust-Industrie" breitet Norman G. Finkelstein seine Argumentation weiter aus, um zugleich den Blick auf seine Konstruktion der „Holocaust-Industrie" zu fokussieren.[70]

In der deutschen Übersetzung des Buches wird die Verwendung der Bezeichnung „Der Holocaust" folgendermaßen definiert: „Der Holocaust" (im englischen

---

66 Zum genauen zeitlichen Verlauf der Debatte vgl. Kapitel II.1.
67 Vgl. http://www.versobooks.com/verso_info/about.shtml vom 19.1.2005. Der Londoner Zeitung *The Observer* gegenüber erläuterte Colin Robertson, Managing Director bei Verso: „We're an unashamedly radical publisher. It's our stock in trade. But our main thing was that, as a left-wing publisher, we should not be seen as anti-Semitic. With Norman's background as the son of Holocaust survivors, we could refute any such allegations." Zit. n. Jay Rayner: Finkelstein's list, in: The Observer vom 16. Juli 2000.
68 Finkelstein, Rise, 1996, S. 11.
69 Ebd., S. 16.
70 Im Folgenden werde ich nach der deutschsprachigen Übersetzung (6. Auflage 2001, gebundene Ausgabe) zitieren.

Original „The Holocaust") stehe im Text „für dessen von Ideologie geprägte Darstellung", im Gegensatz zu „Massenvernichtung der Juden durch die Nazis" (im Original „Nazi holocaust"), was „den eigentlichen historischen Vorgang" bezeichne.[71]

Norman G. Finkelstein definiert sein Buch in der der Darlegung seiner Thesen vorangestellten Einführung als eine „Anatomie" und „zugleich eine Anklage" einer von ihm behaupteten „Holocaust-Industrie" in den USA.[72] „Der Holocaust" sei ein „in sich stimmiges Konstrukt", dessen zentrale „Dogmen" dadurch gekennzeichnet seien, dass sie „wichtige politische und Klasseninteressen" stützten.[73] Weiterhin bezeichnet Finkelstein „Den Holocaust" als „unentbehrliche ideologische Waffe", durch deren Einsatz „eine der stärksten Militärmächte der Welt mit einer erschreckenden Menschenrechtsbilanz sich in die Rolle eines ‚Opfer'-Staates" versetzt und ebenso „die erfolgreichste ethnische Gruppe der Vereinigten Staaten sich einen Opferstatus" zugelegt habe.[74] Aus der Opferrolle erwüchsen „beträchtliche Dividenden – insbesondere die Immunität gegenüber Kritik."[75]

Finkelstein erwähnt an dieser Stelle, dass Peter Novicks Buch „The Holocaust in American Life"[76] ihm den „ersten Anstoß" zum Verfassen seiner eigenen Publikation geliefert habe.[77] Mit Novick nehme er einen „kritischen Dialog" auf, denn jener liefere „keine Kritik, die an die Wurzeln geht."[78] Während Novicks

---

71 Vgl. Finkelstein, Holocaust-Industrie, 2001, S. 185. „Der Holocaust" wird dabei zur typographischen Verdeutlichung in der deutschen Übersetzung in Versalien gesetzt (in einigen Beiträgen der Debatte auch stattdessen kursiviert), im Begriff der „Holocaust-Industrie" und somit auch im Buchtitel allerdings nicht; vgl. auch Alfred Schobert: „Holocaust-Industrie". Kulturkritik oder Koschermachen einer neonazistischen Propagandaformal?, in: Siegfried Jäger/Jobst Paul (Hg.): „Diese Rechte ist immer noch Bestandteil unserer Welt". Aspekte einer neuen konservativen Revolution, Duisburg 2001, S. 77–101, S. 79.
72 Vgl. Finkelstein, Holocaust-Industrie, 2001, S. 9.
73 Vgl. ebd.
74 Vgl. ebd. Dass damit der Staat Israel und die Jüdische Gemeinschaft in den USA gemeint sind, wird an anderer Stelle des Buches deutlich.
75 Vgl. ebd.
76 Peter Novick: The Holocaust in American Life, Boston/New York 1999 (Deutsche Übersetzung: Nach dem Holocaust. Der Umgang mit dem Massenmord, Stuttgart/ München 2001). Peter Novick ist emeritierter Professor für Geschichte an der University of Chicago.
77 Vgl. Finkelstein, Holocaust-Industrie, 2001, S. 10.
78 Vgl. ebd.

zentrale analytische Kategorie die „Erinnerung" sei – laut Norman G. Finkelstein „seit langem der armseligste Begriff, der von den akademischen Höhen herabgekommen ist"[79] – verweist Finkelstein dagegen auf „aussagekräftige politische Kategorien" wie „Macht", „Interessen" und „Ideologie".[80] Novicks Belege zeigten entgegen dessen eigener Interpretation, „wie sehr die Erinnerung an den Holocaust ein ideologisches Produkt verhüllter Interessen" sei.[81]

Sein eigenes Interesse am „Thema der Vernichtung der Juden durch die Nazis" beschreibt Finkelstein als ursprünglich „persönlich motiviert".[82] Hier verweist der Autor auf seine Eltern, die als einzige Mitglieder ihrer Familien der Ermordung während des Nationalsozialismus entgingen. In seiner Kindheit schien sich außerhalb seiner Familie „niemand dafür zu interessieren, was geschehen war" – nicht aus Respekt seien die Erlebnisse seiner Eltern von anderen nicht thematisiert worden, sondern aus Gleichgültigkeit.[83] Seine Eltern hätten allein für sich, ohne öffentliche Bestätigung, über ihr Leid gegrübelt; aber, so fragt Finkelstein hier, sei „das nicht besser als die derzeitige dreiste Ausbeutung jüdischen Märtyrertums?"[84] In der Einführung benennt der Autor bereits eine seiner zentralen Thesen: „Daß die amerikanischen Juden die Massenvernichtung der Juden durch die Nazis ‚entdeckt' haben, scheint mir manchmal schlimmer als die Tatsache, daß sie in Vergessenheit geraten war."[85]

Finkelstein schreibt weiter, er sei zum einen empört darüber, dass die Judenvernichtung benutzt werde, um „die verwerfliche Politik des israelischen Staates und die amerikanische Unterstützung für diese Politik zu rechtfertigen."[86] Zum anderen gebe es aber noch ein persönliches Motiv für seine Empörung: Er sorge sich

„um das Andenken an die Verfolgung meiner Familie. Die laufende Kampagne der Holocaust-Industrie, mit der im Namen ‚bedürftiger Opfer des Holocaust' Geld von Europa erpresst werden soll, hat das moralische Format ihres Martyriums reduziert auf einen Einsatz im Casino von Monte Carlo."[87]

---

79   Ebd., S. 11.
80   Vgl. ebd.
81   Vgl. ebd.
82   Vgl. ebd.
83   Vgl. ebd., S. 12f.
84   Vgl. ebd., S. 13.
85   Ebd.
86   Vgl. ebd., S. 14.
87   Ebd.

Finkelstein plädiert für die Bewahrung der „Integrität der historischen Überlieferung".[88] Die Vernichtung der Juden lehre nicht nur etwas über „die Deutschen" oder „die Nichtjuden", sondern

> „über uns alle. Wenn wir jedoch wirklich etwas aus der Massenvernichtung der Juden *lernen* wollen, so muß, wie ich glaube, deren physische Dimension verkleinert und die moralische Dimension vergrößert werden. Zu viele öffentliche und private Mittel sind für das Gedenken an den Völkermord der Nazis eingesetzt worden. Was dabei herauskommt, ist zumeist wertlos; es ist nicht dem Leiden der Juden gewidmet, sondern dient ihrer Erhöhung. Es ist schon seit langer Zeit überfällig, daß wir unser Herz für das Leiden der übrigen Menschheit öffnen. Das war die wichtigste Lektion, die mir meine Mutter auf den Weg gab. Niemals hörte ich sie sagen: Du sollst nicht vergleichen. Meine Mutter stellte *immer* Vergleiche an. […] Angesichts der Leiden der Afro-Amerikaner, Vietnamesen und Palästinenser lautete das Credo meiner Mutter stets: Wir sind alle Holocaust-Opfer."[89]

Das Buch selbst gliedert sich nach der Einführung in drei Kapitel und eine Schlussbemerkung. Der gebundenen Ausgabe der deutschen Übersetzung wurden noch ein „Aktueller Nachtrag zur deutschen Ausgabe" und ein mit dem USA-Korrespondenten der *Rheinischen Post*, Thomas Spang, geführtes und in mehreren Zeitungen zuvor gekürzt veröffentlichtes Interview („Statt eines Nachworts") hinzugefügt, im englischen Original sind diese nicht enthalten.

Im ersten Kapitel, das den Titel „Wie aus dem Holocaust Kapital geschlagen wird" trägt, erläutert Finkelstein seine Behauptung, dass der Holocaust erst nach dem Sechstagekrieg 1967 ins Bewusstsein der amerikanischen Jüdinnen und Juden gerückt sei und beschreibt die Entstehung und Funktionen der „Holocaust-Industrie". Zuvor hätten „nicht nur die Amerikaner im allgemeinen, sondern auch die jüdischen Intellektuellen" dem Thema „wenig Beachtung" geschenkt, „wichtige jüdische Organisationen" hätten sich dem öffentlichem Gedenken widersetzt.[90]

Nach Finkelstein habe nicht die Traumatisierung durch die Shoah die Jüdinnen und Juden dazu gebracht, die Erinnerung zu unterdrücken – es gebe „keinen Beleg, der diesen Schluß stützen würde."[91] Der „wahre Grund für das öffentliche Schweigen über die Vernichtung durch die Nazis" liege „in der konformistischen Politik der Führung der amerikanischen Juden und im politischen Klima im Amerika der Nachkriegszeit."[92] „Überlieferte Ziele wie Assimilation und Zugang zur

---

88 Vgl. ebd., S. 15.
89 Ebd.
90 Vgl. ebd., S. 18f.
91 Vgl. ebd., S. 19.
92 Vgl. ebd., S. 19f.

Macht" hätten für „die jüdischen Eliten" im Vordergrund gestanden.[93] Mit Beginn des Kalten Krieges, so Finkelstein, „vergaßen" die jüdischen Eliten Amerikas „die Massenvernichtung der Juden durch die Nazis, weil Deutschland – seit 1949 Westdeutschland – zu einem entscheidenden Nachkriegsverbündeten der Amerikaner in der Konfrontation der USA mit der UdSSR wurde".[94] Im antisowjetischen und antikommunistischen Klima der Blockkonfrontation und des McCarthyismus sei „das Andenken an die Massenvernichtung der Juden durch die Nazis [...] als kommunistische Angelegenheit abgestempelt" worden.[95] Auch die Furcht vor Antisemitismus habe dabei eine unterstützende Rolle gespielt. „Behaftet mit dem Klischee, das Juden mit Linken gleichsetzt [...], schreckten die jüdischen Eliten Amerikas nicht davor zurück, jüdische Mitbürger auf dem Altar des Antikommunismus zu opfern", so Finkelstein.[96]

Infolge des arabisch-israelischen Krieges von 1967 habe sich diese Situation komplett verändert, „Der Holocaust" sei „zu einem festen Bestandteil des jüdischen Lebens in Amerika" geworden.[97] Die „gängige Erklärung für diesen Wandel", nämlich „daß Israels extreme Isolation und Verwundbarkeit während des Junikriegs die Erinnerung an die Vernichtung durch die Nazis wachrief", werde

---

93 Vgl. ebd., S. 20. In einer Fußnote dazu heißt es: „In diesem Text bezeichnet ‚jüdische Eliten' Persönlichkeiten, die im organisatorischen und kulturellen Leben der jüdischen Mainstream-Gemeinde eine herausragende Rolle spielen." Ebd., Fn. 7, S. 187.
94 Vgl. ebd., S. 20.
95 Vgl. ebd., S. 21. Zur McCarthy-Ära und deren Auswirkungen auf das politische Klima in den USA vgl. etwa Manfred Berg: Die innere Entwicklung: Vom Zweiten Weltkrieg bis zur Watergate-Krise 1974, in: Willi Paul Adams/Peter Lösche (Hg.) (unter Mitarbeit von Anja Ostermann): Länderbericht USA. Geschichte-Politik-Geographie-Wirtschaft-Gesellschaft-Kultur, 3., aktualisierte und neu bearbeitete Auflage, Bonn 1998, S. 144–168, hier besonders S. 153–154 (Der McCarthyismus, 1947–1955).
96 Vgl. Finkelstein, Holocaust-Industrie, 2001, S. 21. Zur „Zerrissenheit" der jüdischen Gemeinschaft in den USA zwischen der Angst vor einem erstarkenden Antisemitismus, dem Streben nach Assimilation und der (politischen) Selbstbehauptung im hysterischen Klima der McCarthy-Ära vgl. bspw. Arnon Gutfeld: The Rosenberg Case and the Jewish Issue, in: Stephen Roth Institute, Tel Aviv University (Hg.): Antisemitism Worldwide 2002/3 – Annual Report auf http://www.tau.ac.il/antisemitism/asw2002-3/gutfeld.htm vom 7.10.2004. In literarischer Form fängt bspw. Philip Roth in seinem Roman „Mein Mann, der Kommunist" eben dieses Klima jener Zeit eindrücklich ein, vgl. Philip Roth: Mein Mann, der Kommunist, 3. Auflage, Reinbek bei Hamburg 2003 (Originalausgabe: ders.: I Married a Communist, Boston 1998).
97 Vgl. Finkelstein, Holocaust-Industrie, 2001, S. 23.

den Tatsachen nicht gerecht.[98] Vor dem Krieg von 1967 – und somit nach Finkelsteins Behauptung angesichts viel bedrohlicherer Kriegsszenarien – sei Israel für die amerikanischen Jüdinnen und Juden „nicht von Bedeutung" gewesen.[99] Doch von diesem Zeitpunkt an seien die USA „von Israels überwältigender Demonstration der Stärke beeindruckt" gewesen und dazu übergegangen, „es sich als strategischen Besitz einzuverleiben" – Israel habe sich „in einen Stellvertreter amerikanischer Macht im Mittleren Osten" verwandelt.[100] Nun „entdeckten die jüdischen Eliten Amerikas plötzlich Israel", denn „paradoxerweise *erleichterte* die Existenz Israels nach 1967 die Assimilation in den Vereinigten Staaten: Jetzt standen Juden an der Front und verteidigten Amerika – eigentlich die ‚westliche Kultur' – gegen die rückständigen arabischen Horden."[101] Die „jüdischen Eliten" spielten dabei „die Rolle der natürlichen Gesprächspartner für Amerikas neuesten strategischen Besitz", mit Kontaktmöglichkeit zu den inneren Zirkeln amerikanischer Macht.[102] Sie taten damit das, was sie nach Finkelsteins Auffassung schon immer getan hatten, „sie marschierten im Gleichschritt mit der Macht in Amerika."[103]

Und „um ihren strategischen Besitz zu schützen, ‚erinnerten' die jüdischen Eliten Amerikas sich an DEN HOLOCAUST", so der Autor.[104] Nun sei die „Holocaust-Industrie" entstanden.[105] Die Funktion „Des Holocaust" fasst Finkelstein wie folgt:

> „Einmal ideologisch umgeformt, erwies DER HOLOCAUST [...] sich als perfekte Waffe, um Kritik an Israel abzuwehren. [...] Die bekundete Besorgnis um die Erinnerung an den Holocaust war ebenso gespielt wie die bekundete Besorgnis um Israels Schicksal."[106]

Finkelstein weist auch auf „innere Quellen" der „Holocaust-Industrie" hin: „Gängige Interpretationen" würden eine „Politik der Identitätsbesinnung" und „Kultur der Übernahme von Opferrollen" benennen; „entsprechend suchten Juden ihre

---

98 Vgl. ebd., S. 23. Peter Novick vertritt die Position, dass der Krieg von 1967 und der Jom Kippur-Krieg von 1973 durchaus zusammen mit innenpolitischen Entwicklungen in den USA diese Wirkung entfalteten, vgl. Novick, Umgang, 2001, S. 198ff.
99 Vgl. ebd., S. 25.
100 Vgl. ebd., S. 27.
101 Vgl. ebd., S. 27f.
102 Vgl. ebd., S. 28.
103 Vgl. ebd., S. 30.
104 Vgl. ebd., S. 32.
105 Vgl. ebd., S. 33.
106 Ebd., S. 38.

eigene ethnische Identität im Holocaust zu finden."[107] Doch Juden seien nach Finkelstein in der US-amerikanischen Gesellschaft als einzige Gruppe „nicht benachteiligt".[108] „Die Politik der Identitätsbesinnung und DER HOLOCAUST" habe sich unter US-amerikanischen Juden nicht „wegen deren Opferstatus" verbreitet, sondern „weil diese *keine* Opfer" seien.[109] Wie viele Juden „wieder zu Zionisten wurden, als es [Israel; M.S.] zu einem Wert wurde, hielten sie auch ihre ethnische Identität von sich fern, als sie eine Belastung war, und wurden erneut zu Juden, als das einen Wert darstellte."[110]

Die US-amerikanischen Juden hätten sich „politisch allmählich nach rechts" bewegt.[111] Ende der 1960er Jahre hätten sie das Bürgerrechts-Bündnis mit den Schwarzen verlassen, jetzt würden „jüdische Eliten" ihre „Gruppen- und Klasseninteressen" verteidigen und Kritik als antisemitisch „brandmarken".[112] Mit der „Berufung auf historische Verfolgung" sei „aktuelle Kritik" abgewehrt worden, „die Berufung auf DEN HOLOCAUST war deshalb ein Trick, jeglicher Kritik an Juden die Legitimation zu entziehen."[113] Finkelstein zieht das Fazit:

„So, wie die organisierten Juden sich DES HOLOCAUST entsannen, als die Macht Israels auf dem Höhepunkt war, erinnerten sie sich auch an DEN HOLOCAUST, als die Macht der amerikanischen Juden ihren Gipfel erreicht hatte."[114]

---

107 Ebd., S. 40. Vgl. zu dieser These bspw. Gulie Ne'eman Arad: Nationalsozialismus und Zweiter Weltkrieg. Berichte zur Geschichte der Erinnerung – USA, in: Volkhard Knigge/Norbert Frei (Hg.) (unter Mitarbeit von Anett Schweitzer): Verbrechen erinnern. Die Auseinandersetzung mit Holocaust und Völkermord, München 2002, S. 199–219. Arad verweist auf das in den gesellschaftlichen Krisenerscheinungen in den USA der 1960er und 1970er Jahre allgemein „aufkommende politische Thema der Identität" (Ebd., S. 205) und eine verbreitete „Kultur des Opfertums" (Ebd., S. 207) unter den amerikanischen Minderheiten. Auch Peter Novick schreibt in Bezug auf die 1960er und 1970er Jahre: „Die von einer wachsenden Zahl jüdischer Führungspersönlichkeiten und von einem beträchtlichen Teil des amerikanischen Judentums angenommene Haltung hatte eine Gestalt angenommen, in der sich Juden durch ihre Opfergeschichte definierten und in der der Holocaust als zentrales Symbol der jüdischen Identität hervortrat." (Novick, Umgang, 2001, S. 226.).
108 Vgl. Finkelstein, Holocaust-Industrie, 2001, S. 40f.
109 Vgl. ebd., S. 41.
110 Vgl. ebd.
111 Vgl. ebd., S. 44.
112 Vgl. ebd., S. 44f.
113 Vgl. ebd., S. 46.
114 Ebd.

Heute habe die Vernichtung der Juden als Thema in der US-amerikanischen Gesellschaft einen größeren Stellenwert als der US-amerikanische Bürgerkrieg erlangt.[115]

Das zweite Kapitel – „Schwindler, Geschäftemacher und die Geschichte" – beinhaltet Finkelsteins Erläuterung der „zwei zentralen Dogmen", die „das Fundament" für „Den Holocaust" bildeten: „(1) DER HOLOCAUST stellt ein absolut einzigartiges Ereignis dar; (2) DER HOLOCAUST steht für den Höhepunkt eines irrationalen, ewigen Hasses der Nichtjuden gegenüber den Juden."[116] Diese beiden Dogmen seien zu „Kernbestandteilen" der „Holocaust-Literatur"[117] geworden, in der „ursprünglichen wissenschaftlichen Forschung zur Massenvernichtung der Juden durch die Nazis" kämen sie dagegen nicht vor.[118]

Finkelstein widerspricht hier vehement der These der Singularität der Shoah. Das „Dogma der Einzigartigkeit" ergebe „keinen Sinn", sei „intellektuell unfruchtbar" und „moralisch verwerflich".[119] Die Behauptung „einzigartigen Leids" verleihe „einen einzigartigen Anspruch" und stelle daher „moralisches Kapital" dar.[120] Dieser „Anspruch" diene Israel „als vorzügliches Alibi".[121] Nur „ein Katzensprung" trenne „die Behauptung, der Holocaust sei einzigartig, von der Behauptung, der Holocaust sei rational nicht zu begreifen."[122] Den Shoah-Überlebenden und Friedensnobelpreisträger Elie Wiesel attackiert Finkelstein mehrfach persönlich. Er sei „der erfahrenste Fürsprecher" dieser „Mystifizierung" – während er einerseits behaupte, dass das „Mysterium" der Shoah im Sprechen nicht zu vermitteln sei, lasse er sich seine Vorträge zum Thema „für das Standardhonorar von 25000 Dollar (plus Limousine mit Chauffeur)" bezahlen.[123] Finkelstein behauptet sogar: „Elie Wiesel *ist* DER HOLOCAUST."[124]

Das zweite „Holocaust-Dogma vom ewigen Judenhaß der Nichtjuden" habe „sowohl dazu gedient, die Notwendigkeit eines jüdischen Staates zu rechtfertigen, als auch dazu, die Feindschaft zu erklären, die Israel entgegengebracht" worden sei.[125] Außerdem habe dieses Dogma Israel

---

115 Vgl. ebd., S. 17.
116 Ebd., S. 49f.
117 Zum Begriff vgl. die Debatte um Goldhagen in Kapitel I.1.
118 Vgl. ebd., S. 50.
119 Vgl. ebd. 50ff.
120 Vgl. ebd., S. 55.
121 Vgl. ebd., S. 55f.
122 Vgl. ebd., S. 53.
123 Vgl. ebd., S. 53f.
124 Ebd., S. 62.
125 Vgl. ebd., S. 58.

„einen umfassenden Freibrief verschafft: Nachdem die Nichtjuden ständig darauf aus sind, Juden zu ermorden, haben die Juden das uneingeschränkte Recht, sich zu schützen, wie es ihnen beliebt. Auf welche Mittel die Juden auch immer zurückgreifen mögen, selbst Aggression und Folter, sie stellen eine legitime Selbstverteidigung dar."[126]

Finkelstein bestreitet, dass Antisemitismus nichts mit tatsächlichen Juden und deren realen Verhalten zu tun hat – diese Auffassung gehe über „normale wissenschaftliche Analysen hinaus".[127] Laut Finkelstein sei „der irrationale Wesensgehalt des Antisemitismus der Nichtjuden [...] aus dem irrationalen Wesensgehalt DES HOLOCAUST abgeleitet."[128] Da das „Holocaust-Dogma" somit „die Rolle der Juden" völlig „ausspare", mache es Israel und die amerikanischen Juden „immun gegen legitime Kritik".[129] „Der Holocaust" bestätige, „wenn auch negativ gewendet, die Auserwähltheit der Juden".[130]

Ausgiebig erörtert Finkelstein die Behauptung, dass sich „auf dem Feld der Studien zum Holocaust" nicht nur „eine Menge Unsinn", sondern „schierer Schwindel" finden lasse.[131] Betrüger wie Jerzy Kosinski und Binjamin Wilkomirski/Bruno Doessecker, deren gefälschte autobiographische Shoah-Überlebendenberichte von der „Holocaust-Industrie" gefeiert worden seien, seien durchaus archetypisch für eben diese.[132] Und auch wissenschaftliche Literatur wie beispielsweise Goldhagens bereits zuvor von ihm angegriffener Titel „Hitlers willige Vollstrecker" zählt Finkelstein zur „großen Holocaust-Show" – Goldhagens Veröffentlichung sei Wilkomirskis Buch „*Bruchstücke* plus Fußnoten", demnach offenbar auch reiner Schwindel.[133] Kritiker wie Finkelstein selbst würden von der „Holocaust-Industrie" öffentlich angegriffen und zu Opfern der „Holocaust-Correctness".[134]

Nach Einschätzung Finkelsteins werde der Einfluss von Holocaust-Leugnern in den USA völlig überbewertet, „angesichts des Unsinns, den die Holocaust-Industrie täglich auf den Markt wirft, wundert man sich eher, warum es so *wenige*

---

126 Ebd., S. 58f.
127 Vgl. ebd., S. 59.
128 Ebd., S. 60.
129 Vgl. ebd.
130 Vgl. ebd., S. 62.
131 Vgl. ebd. S. 63.
132 Vgl. ebd., S. 63ff. Zum „Fall Wilkomirski" vgl. Irene Diekmann/Julius H. Schoeps (Hg.): Das Wilkomirski-Syndrom. Eingebildete Erinnerung oder Von der Sehnsucht, Opfer zu sein, Zürich 2002.
133 Vgl. ebd., S. 70ff.
134 Vgl. ebd., S. 73.

Skeptiker gibt."[135] Auch sei „nicht die gesamte revisionistische Literatur – wie skurril die politischen Ansichten oder die Motive ihrer Anhänger auch sein mögen – vollkommen nutzlos", David Irving habe beispielsweise einen wichtigen Beitrag zum Wissen über den Zweiten Weltkrieg geliefert.[136]

Abschließend geht Finkelstein in diesem Kapitel noch auf das United States Holocaust Memorial Museum (USHMM) in Washington, D.C. ein. Es sei verwunderlich, dass dieses überhaupt existiere, insbesondere, da es kein Museum gebe, das „der Verbrechen im Laufe der amerikanischen Geschichte" gedenke:[137]

> „Man stelle sich das Klagegeschrei hierzulande [in den USA, Anm. d. dt. Verlages] gegen die Heuchelei der Deutschen vor, wenn diese in Berlin ein Nationalmuseum zum Gedenken nicht des Nazi-Völkermords, sondern der Sklaverei in Amerika oder der Auslöschung der amerikanischen Ureinwohner errichten würden."[138]

Von der Planung bis zur Fertigstellung sei das Museum in politische Interessen verstrickt gewesen. Der damalige Präsident Jimmy Carter habe das Projekt angestoßen, um „jüdische Spender und Wähler" zu beschwichtigen, die seine Nahostpolitik kritisiert hätten.[139] Das USHMM sei partikularistisch auf die Vernichtung

---

135 Ebd., S. 75.
136 Vgl. ebd., S. 78. Zum gerichtlich verurteilten britischen Holocaustleugner David Irving vgl. bspw. Deborah E. Lipstadt: Leugnen des Holocaust. Rechtsextremismus mit Methode, Reinbek bei Hamburg 1996, S. 43f. und weitere Seiten.
137 Vgl. ebd., S. 79.
138 Ebd., S. 79f. Auch Novick schreibt dies in einem „An die deutschen Leser" gerichteten (und folglich nur in der deutschen Übersetzung erschienen) Vorwort seines Buches ähnlich: „In Washington gibt es ein großartiges Holocaust-Museum, aber kein Sklaverei-Museum. Was würden die Amerikaner davon halten, wenn die Deutschen sagten, der Holocaust sei zwar furchtbar gewesen, *wirklich* wichtig aber sei die Errichtung einer Berliner Gedenkstätte für die amerikanischen Negersklaven?" (Novick, Umgang, 2001. S. 10). Schon 1999 wurde Novick in der *New York Times* folgendermaßen zitiert: „Was würden wir sagen, wenn die Deutschen erklärten, ja der Holocaust ist ganz schrecklich, aber dann in Berlin ein Museum zur Erinnerung an die Unterdrückung der Schwarzen in Amerika bauten? Das wäre grotesk." Siehe Roger Cohen: The Germans Want Their History Back, in: New York Times vom 12.9.1999, zit. n. Manfred Henningsen: Der Ort des Holocaust in der amerikanischen Ökonomie des Bösen, in: Frank Trommler/Elliot Shore (Hg.): Deutsch-amerikanische Begegnungen. Konflikt und Kooperation im 19. und 20. Jahrhundert, Stuttgart und München 2001, S. 251–267, Zitat S. 254.
139 Vgl. ebd., S. 80.

der Jüdinnen und Juden ausgerichtet, „nichtjüdischen Opfern des Nationalsozialismus" werde „nur pro forma Anerkennung zuteil."[140]

Im dritten Kapitel, das mit „Doppelt abkassiert" betitelt ist, erörtert Finkelstein seine These, dass die „Holocaust-Industrie" das Leid der Opfer finanziell und auf deren Kosten ausbeute. Da Finkelstein hier sehr ausführlich einzelne Abkommen, Entschädigungsverhandlungen und -regelungen behandelt, sollen an dieser Stelle nur die Kernthesen zusammengefasst werden.

„Die Frage der Wiedergutmachung" liefere nach Finkelstein „einzigartige Einblicke in die Holocaust-Industrie."[141] Die Conference on Jewish Material Claims Against Germany (Kurztitel: Claims Conference (CC)), eine im Jahr 1951 für Verhandlungen um materielle Entschädigungsfragen mit Deutschland gegründete Dachorganisation mehrerer internationaler jüdischer Organisationen,[142] habe Entschädigungsabkommen mit der Bundesrepublik gebrochen, da sie die erhaltenen Gelder nicht wie vorgesehen an individuelle Opfer übermittelte, sondern für „verschiedene Lieblingsprojekte" wie zur Wiederherstellung jüdischer Gemeinden, der Erleichterung der Auswanderung von Juden aus Osteuropa und für jüdische Gemeinden in arabischen Staaten verwendet habe.[143] Finkelstein behauptet: „Was immer die eigentlichen jüdischen Opfer (wenn überhaupt) an Zuwendungen erhielten, erreichte sie indirekt oder durch Zufall."[144] „In einem klassischen Beispiel von Selbstbedienung" habe die CC jedoch an Rabbiner und „herausragende jüdische Führungspersönlichkeiten" individuell gezahlt.[145] Finkelsteins Mutter habe nur 3.500 US-Dollar erhalten, während „am Reparationsverfahren" beteiligte jüdische Funktionäre ein Vielfaches dabei verdient hätten: „Was meine Mutter für sechs Jahre Leiden unter der Nazi-Verfolgung erhielt, kassiert [Saul] Kagan in

---

140 Vgl. ebd., S. 83.
141 Vgl. ebd., S. 88.
142 Zur CC vgl. Nana Sagi: Die Rolle der jüdischen Organisationen in den USA und die Claims Conference, in: Ludolf Herbst/Constantin Goschler (Hg.): Wiedergutmachung in der Bundesrepublik Deutschland (Sondernummer der Schriftenreihe der Vierteljahrshefte für Zeitgeschichte), München 1989, S. 99–118, S. 105ff.
143 Vgl. Finkelstein, Holocaust-Industrie, 2001, S. 89ff.
144 Ebd., S. 91. Finkelstein führt hier als Beleg „eine parlamentarische Anfrage des deutschen Bundestagsabgeordneten Martin Hohmann (CDU)" an, in deren Beantwortung die Bundesregierung angeblich zugegeben habe, „daß nur 15 Prozent der an die Claims Conference ausgehändigten Gelder den eigentlichen jüdischen Opfern der Naziverfolgung zugute" gekommen seien. Die Bundesregierung folge damit der offiziellen Darstellung der CC. Vgl. Finkelstein, Holocaust-Industrie, 2001, Fn. 9, S. 208.
145 Vgl. ebd., S. 91.

zwölf Tagen, [Lawrence] Eagleburger in vier Tagen und [Alfonse] D'Amato in zehn Stunden."[146] Auch Anwälte, die Shoah-Überlebende vor Gerichten vertreten würden, bereicherten sich an den erstrittenen Entschädigungsgeldern.[147]

In den letzten Jahren sei „die Holocaust-Industrie geradezu zu einem erpresserischen Geschäft geworden", sie praktiziere ein „doppelte[s] Abkassieren sowohl bei europäischen Ländern als auch bei Juden mit legitimen Ansprüchen."[148]

Deutschland und die Schweiz seien bei den Verhandlungen um Entschädigungsgelder für NS-Zwangsarbeiterinnen und Zwangsarbeiter bzw. um jüdische Vermögenswerte auf Schweizer Bankkonten und Raubgold von der „Holocaust-Industrie" moralisch und finanziell „erpresst" worden.[149] Die „Kampagne" gegen die Schweizer Banken sei „rasch zu einer Verleumdung der Schweizer" verkommen.[150] Die „Holocaust-Industrie" habe „nicht nur die öffentliche Hysterie" angeheizt, sondern „koordinierte auch eine zweigleisige Strategie", um die Schweizer „zur Unterwerfung zu zwingen": durch Sammelklagen und wirtschaftlichen Boykott.[151]

Nach der Einigung der „Holocaust-Industrie" mit der Schweiz im August 1998 „setzte sie im September die gleiche siegreiche Strategie gegen Deutschland ein."[152] Auch gegen Deutschland sei eine „öffentliche Hysterie" mit anklagenden Zeitungsanzeigen angeheizt worden, in denen man „alle Register DES HOLOCAUST" bedient habe.[153] Und diese „Holocash"-Kampagne in den USA habe Erfolg gehabt: „In der Erkenntnis, der Wucht DES HOLOCAUST nicht standhalten zu können, unterwarfen die Deutschen sich am Ende des Jahres einem umfangreichen finanziellen Ausgleich."[154] Dabei habe die deutsche Regierung bereits längst ehemalige jüdische Zwangsarbeiterinnen und Zwangsarbeiter „für den ‚Freiheitsentzug' und für ‚Beeinträchtigung der Gesundheit'" entschädigt, „nur die zurückbehaltenen Löhne" seien „nicht formell entschädigt" worden.[155]

---

146 Ebd., S. 92.
147 Vgl. ebd., S. 112f.
148 Vgl. ebd., S. 93.
149 Vgl. zum Schweizer Fall bspw. mehrere Beiträge in Rolf Surmann/Dieter Schröder (Hg.): Der lange Schatten der NS-Diktatur, Texte zur Debatte um Raubgold und Entschädigung, Münster 1999.
150 Vgl. ebd., S. 97.
151 Vgl. ebd. S. 106.
152 Vgl. ebd., S. 127.
153 Vgl. ebd., S. 128.
154 Ebd.
155 Vgl. ebd., S. 129.

Außerdem wirft Finkelstein der „Holocaust-Industrie" vor, die Zahl der noch lebenden ehemaligen jüdischen Zwangsarbeiterinnen und Zwangsarbeiter aus Profitgier bewusst zu verfälschen: „Während die Holocaust-Industrie Zahlenspiele treibt, um ihre Entschädigungsforderungen hochzutreiben, machen sich Antisemiten voller Schadenfreude lustig über ‚die jüdischen Lügner', die sogar ihre Toten ‚verhökern'."[156] Mit dieser „Zahlenakrobatik" wasche die „Holocaust-Industrie" zudem „den Nationalsozialismus, wenn auch unbeabsichtigt, rein", denn nach ihren Angaben über die Überlebendenzahlen „dürften die Bedingungen in den Konzentrationslagern gar nicht so hart gewesen sein."[157] Damit nähere sich die „Holocaust-Industrie" den Holocaust-Leugnern an: „*Les extrêmes se touchent* – die Extreme berühren einander."[158] Finkelstein stellt dazu die Frage: „Hat die Claims Conference dadurch nicht eine Bresche in die Mauer geschlagen, die die schreckliche Wahrheit über den Holocaust von der Leugnung des Holocaust trennte?"[159]

Vertreter der „Holocaust-Industrie" deklarierten stattdessen den Vorwurf der Ausbeutung des Andenkens an die Vernichtung der Juden als antisemitisch und kritisierten die Berichterstattung in der deutschen Presse zu den Entschädigungsverhandlungen. Finkelstein ist diesbezüglich anderer Meinung:

„In Wahrheit fand ich es beinahe unmöglich, dieses Thema in Deutschland anzusprechen. Obwohl das Tabu schließlich von der liberalen *Berliner Zeitung* durchbrochen wurde, rief der von seinem [sic] Herausgeber Martin Süskind und dem US-Korrespondenten Stefan Elfenbein gezeigte Mut in den deutschen Medien nur ein schwaches Echo hervor, was zu einem großen Teil auf die juristischen Drohungen und die moralische Erpressung seitens der Claims Conference zurückzuführen war sowie auf die in Deutschland allgemein verbreitete Zurückhaltung, Juden offen zu kritisieren."[160]

Doch das „Abkassieren der Schweiz und Deutschlands" seien „nur ein Vorspiel für das große Finale gewesen: Jetzt wird auch Osteuropa abkassiert."[161] Die „Holocaust-Industrie" habe versucht, „Milliarden von Dollars aus diesen bereits verarmten Ländern herauszupressen", denn „mit Hilfe wichtiger Regierungsmitglieder der USA können sie den schwachen Widerstand von Ländern, die bereits am

---

156 Ebd., S. 133.
157 Vgl. ebd., S. 133f.
158 Ebd., S. 134.
159 Ebd., S. 135.
160 Ebd., Fn. 78, S. 222.
161 Vgl. ebd., S. 135.

Boden liegen, leicht brechen."[162] Dabei gehe die „Holocaust-Industrie" rücksichtslos vor, „und so ist es vor allem sie, die den Antisemitismus in Europa schürt."[163] „Um widerspenstige Regierungen zur Unterwerfung zu zwingen", schwinge „die Holocaust-Industrie den Knüppel der US-Sanktionen."[164] Finkelstein schreibt hier wörtlich: „DER HOLOCAUST könnte sich noch als der ‚größte Raubzug der Menschheitsgeschichte' herausstellen. [sic]"[165]

In der „Schlussbemerkung" seines Buches befasst sich der Autor mit den „Auswirkungen DES HOLOCAUST in den Vereinigten Staaten".[166] In den USA gebe es eine Vielzahl von Holocaust-Gedenkstätten, Holocaust-Lehrprogrammen, Holocaust-Lehrstühlen an Universitäten und Colleges, Büchern und journalistischer Berichterstattung zum Thema. „Der Holocaust" sei „fest im amerikanischen Leben verwurzelt",[167] dies auch, weil es „viel leichter" sei, „die Verbrechen anderer zu beklagen, als sich selbst anzusehen", dabei könnten die US-Amerikaner „aus der Erfahrung mit den Nazis" viel über sich selbst lernen.[168] Hitler habe „seine Eroberung des Ostens nach dem Vorbild der amerikanischen Eroberung des Westens ausgerichtet"; die Nazis hätten sich „ausdrücklich" auf das Vorbild der USA bezogen, „als sie ihre eigenen Sterilisationsgesetze verabschiedeten"; und schließlich hätten „die Schwarzen im amerikanischen Süden" die „gleichen gesetzlichen Beschränkungen hinnehmen" müssen und seien „in viel größerem Ausmaß der spontanen und gebilligten Gewalt der Bevölkerung ausgesetzt [gewesen] als die Juden im Deutschland der Vorkriegszeit."[169] Stattdessen zitierten die USA heute häufig „Den Holocaust", um Verbrechen hervorzuheben, die sich im Ausland ereigneten und an denen sie nicht beteiligt seien.[170] Finkelstein verweist an dieser Stelle auf den Nato-Krieg gegen Serbien 1999 und den Irakkrieg 1991.

---

162 Vgl. ebd., S. 136f.
163 Ebd., S. 136.
164 Vgl. ebd., S. 139.
165 Ebd., S. 143. Bei dem in Anführungszeichen gesetzten „größten Raubzug der Menschheitsgeschichte" handelt es sich um kein hier von Finkelstein verwendetes Zitat, obwohl es in der Fußnote zu diesem Abschnitt (vgl. Fn. 91, S. 225) heißt: „Zu dem Zitat vom ‚größten Raubzug in der Geschichte der Menschheit' vgl. S. 111." Denn auf dieser Seite steht nichts dergleichen. Bemerkt sei auch, dass im englischen Original-Text zwar derselbe Satz Finkelsteins vorkommt, der Hinweis in der Fußnote aber fehlt; vgl. Finkelstein, Holocaust-Industry, 1999, S. 138 und die dortige Fußnote 91.
166 Vgl. Finkelstein, Holocaust-Industrie, 2001, S. 145.
167 Vgl. ebd., S. 146.
168 Vgl. ebd., S. 147.
169 Vgl. ebd.
170 Vgl. ebd., S. 147f.

Zum Schluss spricht sich Finkelstein dafür aus, die Shoah „wieder zu einem rationalen Forschungsgegenstand zu machen."[171] Das Argument aus dem Historikerstreit gegen eine „Historisierung" der Verbrechen sei „heute nicht mehr überzeugend": „Und ist nicht auch die ‚normale' Menschheitsgeschichte voll von schreckenerregenden Kapiteln der Unmenschlichkeit?"[172] Finkelsteins Fazit lautet:

> „Die Unvergleichlichkeit, ja Außergeschichtlichkeit des Massenmords an den Juden entspringt nicht dem Ereignis selbst, sondern ist vor allem Produkt der ausbeuterischen Industrie, die sich danach entwickelt hat. [...] Die Zeit, sie [die „Holocaust-Industrie"; M.S.] aus dem Geschäft zu ziehen, ist längst überfällig. Die edelste Geste gegenüber jenen, die umgekommen sind, besteht darin, ihr Andenken zu bewahren, aus ihrem Leiden zu lernen und sie endlich in Frieden ruhen zu lassen."[173]

Im „aktuellen Nachtrag zur deutschen Ausgabe" bekräftigt Finkelstein seine Behauptung des „doppelten Abkassierens" der „Holocaust-Industrie" – „die neueste Entwicklung" bestätige dies.[174] Er versucht hier anhand des im September 2000 veröffentlichten „Gribetz-Plans", des „vom Sonderbevollmächtigten vorgeschlagenen Plans zur Auszahlung und Verteilung der Einnahmen aus dem Vergleich" mit der Schweiz, zu belegen, dass die Schweizer Entschädigungsgelder missbraucht würden.[175]

In dem ans Ende des Buches gestellten Interview gibt Finkelstein Auskunft über den persönlichen und familiären Hintergrund seiner Schrift, nimmt Stellung zu Reaktionen auf seine Thesen und erläutert das Ziel seiner „Anatomie und Anklage". Hieraus seien einige seiner Aussagen erwähnt.

Über seine Eltern berichtet Finkelstein, dass sie „außer einander, niemandem mehr trauten. Nach dem Krieg waren sie zynische und bittere Leute geworden."[176] Politisch landeten sie „am linken Ende des Spektrums" und „hielten den Westen mitverantwortlich für den Nazi-Holocaust, weil sie glaubten, der Westen habe Hitler als Gegengewicht zur Sowjetunion unterstützt."[177] Während Norman G. Finkelsteins Mutter „alles und jedes auf den Nazi-Holocaust bezogen" habe und

---

171 Vgl. ebd., S. 153.
172 Ebd.
173 Ebd.
174 Vgl. ebd., S. 155.
175 Vgl. ebd., S. 158ff.
176 Vgl. ebd., S. 171.
177 Vgl. ebd.

nicht aufhörte, darüber zu sprechen, habe sein Vater kein einziges Wort über seine Erlebnisse gesagt.[178] Und während sein Vater ohne Anlass zur Beschwerde seine „Entschädigung" direkt vom deutschen Staat erhalten habe, habe seine Mutter, die von der CC Gelder erhalten sollte, nie etwas bekommen.[179]

Finkelstein verwahrt sich gegen die Kritik, er würde verschwörungstheoretisch argumentieren. Er habe „Organisationen benannt, die großen jüdischen Organisationen: das American Jewish Committee, den World Jewish Congress, die B'nai B'rith Anti-Defamation League, die World Jewish Restitution Organisation, die Jewish Claims Conference – das ist schon keine Industrie mehr, das ist ein Konglomerat."[180]

Mit dem Buch verbinde er zwei Anliegen: Erstens dem Gedenken seiner Eltern treu zu bleiben; viele Shoah-Überlebende seien sehr erfreut über seine Veröffentlichung, er gebe ihrem Ärger und Frust über den Missbrauch durch die „Holocaust-Industrie" endlich ein „öffentliches Ventil". Zweitens das wissenschaftliche Anliegen, dass das Buch „faktisch richtig" sein solle.[181] Seine Publikation – ein entschlossener „Vorstoß", das Vermächtnis seiner Eltern „sorgfältig wiederherzustellen" – sei dazu geschaffen, „eine öffentliche Diskussion in Gang zu setzen, über viele Dinge, die privat und leise gesagt werden, eine offene und freie Debatte über etwas zu legitimieren, das, ganz offen gesagt, außer Kontrolle geraten ist."[182] Holocaust-Leugner könnten seine Thesen aber nicht zu ihren Zwecken missbrauchen. Die „Holocaust-Industrie" sei zudem diejenige, „die den Verleugnern hilft. Es ist die Erpressertaktik, die Antisemitismus nährt."[183]

In diesem Interview kündigt Finkelstein an, zur Veröffentlichung der deutschsprachigen Übersetzung in die Bundesrepublik zu kommen. Dies falle ihm nicht leicht: „Auf meinen Schultern sitzen immer meine Mutter und mein Vater. Und ich werde ihnen immer Rechenschaft schuldig sein, besonders in dieser Hinsicht."[184] In der Danksagung im Buch heißt es zudem: „Auf diesen Seiten versuche ich dem Vermächtnis meiner Eltern gerecht zu werden."[185]

---

178 Vgl. ebd., S. 172.
179 Vgl. ebd., S. 173.
180 Vgl. ebd., S. 174.
181 Vgl. ebd., S. 175.
182 Vgl. ebd., S. 179.
183 Vgl. ebd.
184 Ebd., S. 180.
185 Ebd., S. 183.

I.3 Kritik und Einordnung der Thesen Finkelsteins

Eine ausführliche Kritik der Thesen Finkelsteins und etwaige Nachprüfung jeglicher seiner angegebenen Belege ist im Rahmen dieser Arbeit nicht leistbar und auch nicht deren Gegenstand, da die Themenstellung auf die Debatte in der Bundesrepublik fokussiert ist. In den nachfolgenden Kapiteln werden aber Finkelsteins Thesen selbst in der Form behandelt, in der diese in der deutschen Kontroverse aufgenommen, erweitert und auf den deutschen Kontext bezogen wurden. In diesem Kapitel soll daher nur auf einige Kernthesen und bestimmende Merkmale des Buches „Die Holocaust-Industrie" sowie auf den US-amerikanischen Bezugsrahmen, in dem Finkelsteins Buch steht und in dem es Erwähnung fand, eingegangen werden.

Auffällig ist Finkelsteins durchgängig polemischer, von Übertreibungen gekennzeichneter und suggestiver Sprachstil. Der Historiker Rolf Surmann benennt dies als „Habitus der Denunziation".[186] Finkelsteins Tonfall ist reißerisch, wenn er sich etwa über Elie Wiesel auslässt, Begriffe wie „Holocaust-Correctness"[187], „Holocaust-Beute"[188] und „Holocaust-Verhökerer"[189] einführt oder folgendermaßen an Verleumdung grenzend formuliert: „Man sehe sich zum Schluß noch folgendes Beziehungsmuster an: Wiesel und [Israel] Gutmann [sic] unterstützen Goldhagen, Wiesel unterstützte Kosinski, Gutman und Goldhagen unterstützten Wilkomirski. Man verbinde die Spieler miteinander: Das ist HOLOCAUST-Literatur."[190]

Bei der Lektüre entsteht zudem der Eindruck, dass Finkelstein teilweise nach Belieben und aus dem Kontext gerissen zitiert, Belege fehlen mitunter ganz. So schreibt er über „historische Dokumente", die „überzeugend" nahe legten,

---

186 Rolf Surmann: Finkelsteins Polemik gegen die Jewish Claims Conference. Eine Einführung in die Problematik, in: ders. (Hg.): Finkelstein-Alibi, 2001, S. 18.
187 Finkelstein, Holocaust-Industrie, 2001, S. 73.
188 Ebd., S. 141.
189 Ebd., S. 190.
190 Ebd., S. 75. Israel Gutman ist Academic Advisor der israelischen Gedenk-, Bildungs- und Forschungsstätte Yad Vashem. Wohl einen Tiefpunkt von Finkelsteins Zynismus stellt dieses Zitat dar: „Die Universität Sydney bietet inzwischen einen ‚Mastergrad in Holocaust-Studien' an. Warum nicht auch einen ‚Mastergrad in Irischer Hungersnot aufgrund von Kartoffelfäule'?", Norman G. Finkelstein: Die Holocaust-Industrie. Wie das Leiden der Juden ausgebeutet wird, ungekürzte, mit einem Vorwort versehene Taschenbuchausgabe, München 2002, Fn. 45, S. 196.

"daß die amerikanischen Juden, wenn Israel nach dem Oktober-Krieg wirklich allein dagestanden hätte, sich um keinen Deut mehr an die Massenvernichtung der Juden durch die Nazis erinnert hätten als nach den Kriegen von 1948 oder 1956."[191]

Die Quellengabe fehlt. Stattdessen zieht Finkelstein immer wieder Erlebnisse und Aussagen seiner Eltern und insbesondere seiner Mutter als „Argument" oder als Beleg für die Existenz, Boshaftigkeiten und Lügen der „Holocaust-Industrie" heran. Mit dem Hinweis darauf, dass seine Eltern selbst Überlebende der Shoah waren, erhalten diese Bezugnahmen einen Status der unhinterfragbaren Wahrheit, der Finkelsteins Argumentation stützen soll. Doch, so die Politikwissenschaftlerin Ulrike Winkler, seine

„Behauptungen zur Entschädigung von NS-ZwangsarbeiterInnen halten einer Überprüfung anhand der historischen und der aktuell-politischen Faktenlage nicht stand bzw. entziehen sich einer solchen. Dies gilt insbesondere dann, wenn Finkelstein die Entschädigungsbiographien seiner Eltern anspricht, denen er gleichsam den Status der Allgemeingültigkeit verleiht."[192]

Ronald W. Zweig, Professor am Department of Jewish History der Tel Aviv University, den Finkelstein in seinem dritten Kapitel als eine seiner Hauptquellen für das „Doppelte Abkassieren" anführt, hat sich etwa von Finkelsteins Interpretationen distanziert: „Finkelstein's attack on the ‚double shakedown' is unbased, unjustified and manipulative."[193]

Die Bezugnahme auf seine Eltern und Betonung von deren „Vermächtnis", dem Finkelstein gerecht werden will, bestimmen den gesamten Text. Ohne Finkelsteins Buch und sein Anliegen auf eine rein individuell-psychologische Problematik reduzieren zu wollen, die in seiner familiären Situation als Nachkomme von Überlebenden der Shoah verortet sein könnte,[194] scheint er jedoch wie unter einer immensen „Last" zu stehen, mit seinem Wirken einen Auftrag (für seine verstorbenen Eltern) erfüllen zu müssen. Der Historiker Omer Bartov

---

191 Vgl. Finkelstein, Holocaust-Industrie, 2001, S. 35.
192 Ulrike Winkler: Beistand für deutsche Schuldner. Finkelstein und die Kontroverse über die Entschädigung von NS-Zwangsarbeit, in: Surmann; Finkelstein-Alibi, 2001, S. 20–40, S. 35.
193 Ronald W. Zweig: Historical Revisionism from Left to Right. Norman G. Finkelstein, The Holocaust Industry (Book Reviews), in: The Journal of Israeli History: Politics, Society, Culture, Bd. 20, H. 2–3 (2001), S. 208–216, S. 216.
194 Da diese Frage auch eine Rolle in der deutschen Debatte spielte, soll an dieser Stelle nicht näher darauf eingegangen werden. Vgl. dazu Kapitel II.1.

nannte ihn in einer Rezension des Buches daher einen „lone ranger with a holy mission".[195]

Dass Finkelstein dabei nicht die Shoah selbst ins Blickfeld nimmt und was deren Bedeutung als geschichtliches Ereignis für Auswirkungen hat, sondern nur deren „von Ideologie geprägte Darstellung", die durch eine „Holocaust-Industrie" geschaffen, ja „produziert" werde, führt bei Finkelstein zu Behauptungen wie der, dass „Der Holocaust", und eben nicht die Shoah bzw. die Ausbeutung, Verfolgung und Vernichtung der europäischen Jüdinnen und Juden, „sich noch als der ‚größte Raubzug der Menschheitsgeschichte' herausstellen" könnte.[196] Damit dreht er in krasser Form Täter bzw. Nutznießer und Opfer um nach dem Motto: Die Opfer beuten die Täter aus, das ist das „größte Verbrechen". Die Spezifik der Shoah kann bei ihm auch so „nicht dem Ereignis selbst" geschuldet sein, „sondern ist vor allem Produkt der ausbeuterischen Industrie, die sich danach entwickelt hat."[197] Die Instrumentalisierung der Shoah läuft bei Finkelstein in Form einer Industrie ab, deren Tätigkeit er in deutlich der Ökonomie entnommenen Begrifflichkeiten fasst: Nach dem Oktoberkrieg von 1973 „steigerte die Holocaust-Industrie ihre *Produktionsrate* [Hervorhebung M.S.]", um „Israels Druckmittel für Verhandlungen [mit dem Kriegsgegner Ägypten; M.S.] zu stärken."[198] Dass die Formulierung „Holocaust-Industrie" eine Analogie zur quasi fabrikmäßigen nationalsozialistischen „Vernichtungsindustrie", die „Ermordete produzierte", bildet, ist dabei nur ein Merkmal des Begriffs, wenn vielleicht auch das abstoßendste. Denn die Bezeichnung „Holocaust-Industrie" wurde nicht erstmals von Finkelstein verwendet, sondern hat eine längere Begriffsgeschichte. Im Oktober 1993 trat David Irving in der TV-Sendung „Race and Reason" (Rasse und Vernunft) des US-amerikanischen Neonazis Herbert Poinsett in Tampah, Florida, auf.[199] Diese Sendung, die die Neonazigruppe NSDAP/AO sponserte, wurde in 30 Städte übertragen. Alfred Schobert gibt die Show wie folgt wieder: „Eingestimmt wird der Zuschauer mit dem Horst-Wessel-Lied. Dazu wird eine Zeichnung vorwärtsstürmender SA-Leute

---

195 Omer Bartov: A Tale of Two Holocausts, in: The New York Times vom 6.8.2000. Diese Rezension wurde in einer deutschen Übersetzung in der Zeitschrift *Konkret* Nr. 10/2000 auf den Seiten 54f veröffentlicht.
196 Vgl. Finkelstein, Holocaust-Industrie, 2001, S. 143.
197 Vgl. ebd., S. 153.
198 Vgl. ebd., S. 35.
199 Vgl. Alfred Schobert: „Ein Jude spricht die Deutschen frei". Norman G. Finkelstein im Diskurs der Rechten, in: Martin Dietzsch/Alfred Schobert (Hg.): Ein „jüdischer David Irving"? Norman G. Finkelstein im Diskurs der Rechten – Erinnerungsabwehr und Antizionismus, Duisburg 2001, S. 5–29, S. 10f.

mit Hakenkreuzstandarte gezeigt. Der Moderator Poinsett tritt gelegentlich auch mit Hakenkreuz-Armbinde auf."[200] Irving habe sich über den „Mythos vom Holocaust" befragen lassen, worauf er „unseren traditionellen Feind" in Hollywood und an der Börse lokalisiert habe.[201] Der Holocaust sei „Big Business", in dem „professionelle Holocaust-Überlebende" viel Geld machten – es handele sich, so Irving wörtlich, um eine „Holocaust-Industrie".[202]

Die Mannheimer Justiz beschuldigte Irving, bereits im September 1990 bei einem Vortrag in Weinheim die Existenz einer „gigantischen Holocaust-Industrie" behauptet zu haben.[203]

> „Irvings Vortrag brachte seinen Übersetzer, den damaligen NPD-Anführer Günter Deckert, nach einem heftige Wellen schlagenden Justizskandal schließlich doch hinter Gitter. Seither fand die Formel gelegentlich Verwendung in einschlägigen Kreisen, so bei Ernst Zündel und William Pierce – jeweils in der Variante, ‚Holocaust-Industry'."[204]

Vor dem Hintergrund, dass Finkelstein Irving in seinem Buch „Die Holocaust-Industrie" lobend erwähnt, bekommt dieser Zusammenhang einen bemerkenswerten Charakter. Da David Irving sich wiederum positiv über Finkelsteins Buch äußerte und darauf Bezug nahm,[205] spricht Alfred Schobert von einem „diskursiven Kreisverkehr".[206] Es gebe gute Gründe, „die Wortprägung [Holocaust-Industrie; M.S.] als solche geschmacklos zu finden, suggeriert sie doch, Medien und auch öffentlich auftretende Überlebende produzierten Holocaust wie die Auto-Industrie Autos."[207] In der deutschen Debatte, so viel sei hier bereits angemerkt, spielte die Begriffsgeschichte keine Rolle.

Während Finkelstein einerseits keine Scheu vor in Kreisen von Neonazis und Holocaust-Leugnern verwendeten Begrifflichkeiten hat, ist sein Text andererseits durch eine Art universalistischen „Hypermoralismus" gekennzeichnet – wie er

---

200 Ebd.
201 Vgl. ebd., S. 11.
202 Vgl. ebd.
203 Vgl. ebd.
204 Ebd. Schobert weist darauf hin, dass Finkelstein selbst im *ZDF-Nachtstudio* vom 8.2.2001 (Folge 103) beiläufig äußerte, dass Geoff Eley den Begriff 1982 in der *London Review of Books* verwandt habe; vgl. ebd.
205 Vgl. Documents on Norman Finkelstein's controversies (Real History and the Norman Finkelstein controversy) auf David Irvings Website http://www.fpp.co.uk/auschwitz/finkelstein/ vom 1.3.2005.
206 Schobert, Kulturkritik, 2001, S. 97.
207 Vgl. Schobert, Jude, 2001, S. 10.

schreibt, solle die „moralische Dimension" der Shoah vergrößert werden: „Wir sind alle Holocaust-Opfer."[208] Er wendet sich nicht nur strikt gegen die These der Einzigartigkeit der Shoah, da dies partikularistisch sei, er relativiert die Shoah und setzt sie mit Rassismus, Kriegen und Staatsgewalt in anderen Staaten, insbesondere den USA, gleich. Micha Brumlik bezeichnet diese Position als den „Unwillen, die unterschiedliche Schwere von Großverbrechen zu beurteilen".[209] Seiner Meinung nach werde darin „die der Sache nach unbegründete Angst politisch linksstehender Universalisten deutlich, es damit an Solidarität fehlen zu lassen."[210] Doch Finkelstein ist bei seiner Ablehnung der Singularität der Shoah nicht konsequent, wenn er schreibt: „Als gesicherte Auffassung gilt, daß die ‚Endlösung' als *einmalig* effiziente, fließbandartige industrielle Vernichtung abgelaufen ist. [Hervorhebung M.S.]"[211] Omer Bartov meint: „Finkelstein speaks of the historical event with the same kind of awe, and demands the same sort of silent incomprehension, that he ascribes to his main foe, Elie Wiesel."[212]

Offen vertritt Finkelstein politisch der antizionistischen und antiimperialistischen Linken entstammende Positionierungen, wenn er Israel und die USA anprangert und etwa behauptet, die USA hätten sich Israel „als strategischen Besitz einverleibt" und Israel habe sich „in einen Stellvertreter amerikanischer Macht im Mittleren Osten" verwandelt.[213] Bartov nennt dies

> „his vehement anti-Zionism and seething hatred of what he perceives as a corrupt Jewish leadership in the United States [...]. Here he combines an old-hat 1960's view of Israel as the outpost of American imperialism with a novel variation on the anti-Semitic forgery, 'The Protocols of the Elders of Zion', which warned of a Jewish conspiracy to take over the world."[214]

Rolf Surmann schreibt, Finkelstein sei „ein Linker aus dem Umfeld von Noam Chomsky", dem er sowohl in „Die Holocaust-Industrie" als auch in anderen Büchern seinen Dank ausspricht.[215] Omer Bartov verweist noch auf einen anderen,

---

208 Vgl. Finkelstein, Holocaust-Industrie, 2001, S. 15.
209 Vgl. Micha Brumlik: Die Graduierung des Grauens. Zum geschichtsphilosophischen Hintergrund der neuen Debatte über die Holocaust-Erinnerung, in: Surmann, Finkelstein-Alibi, 2001, S. 86–90, S. 89.
210 Vgl. ebd.
211 Finkelstein, Holocaust-Industrie, 2001, S. 134.
212 Bartov, Tale, 2000.
213 Vgl. Finkelstein, Holocaust-Industrie, 2001, S. 27.
214 Vgl. Bartov, Tale, 2000.
215 Vgl. Surmann: Polemik, 2001, S. 10. Chomsky ist Professor für Linguistik am Massachusetts Institute of Technology in Cambridge, Massachusetts und Autor zahlreicher

mit der Ablehnung von Entschädigungszahlungen zusammenhängenden politischen Aspekt in Finkelsteins Anklage der „Holocaust-Industrie":

„In denouncing the 'shakedown' of German corporations, this left-wing anti-Zionist uses precisely the kind of rhetoric that Menachem Begin employed when he spoke out against taking 'blood money' during the right-wing riots against the restituition agreement with West-Germany in the early 1950's, which almost toppled the Israeli government."[216]

Damals war es in Israel zu einem offenen Streit darüber gekommen, ob Verhandlungen über eine materielle Entschädigung mit der Bundesrepublik geführt werden sollten und vom Nachfolgestaat des nationalsozialistischen Deutschlands „Blut-Geld" angenommen werden könne.

Mehrere Kritiker Finkelsteins wiesen auf den verschwörungstheoretischen Charakter des Buches hin.[217] Während Omer Bartov schreibt, Finkelsteins Ziel sei „to unmask an evil Judeo-Zionist conspiracy", bemerkt Peter Novick zu dem Buch: „Dieses Update der ‚Protokolle der Weisen von Zion' für das 21. Jahrhundert leistet keinerlei Beitrag zu unserem Verständnis der Holocaust-Erinnerung in den USA; es ist eine Subtraktion davon."[218]

Denn Finkelsteins „Holocaust-Industrie" lässt sich kurz gefasst so umschreiben:[219] Die „jüdischen Eliten" der „Holocaust-Industrie" strebten nach Macht in den USA, seien einerseits opportunistisch, andererseits könnten sie entscheidenden Einfluss auf die US-Politik nehmen („Mit Hilfe wichtiger Regierungsmitglieder der USA können sie den schwachen Widerstand von Ländern, die bereits am Boden liegen, leicht brechen."[220] Und: „Um widerspenstige Regierungen zur Unterwerfung zu zwingen, schwingt die Holocaust-Industrie den Knüppel der US-Sanktionen."[221]). „Den Holocaust" benutzten sie, um Macht

---

Bücher. In der Zeitung *Die Woche* vom 28.7.2000 nahm Chomsky zu Finkelsteins Buch Stellung: „Der Holocaust wird – wie auch ich schon seit Jahrzehnten schreibe – seit den späten 60er Jahren ausgebeutet. Und zwar nicht nur zur Rechtfertigung der israelischen Besatzung im Nahen Osten, sondern auch aus innenpolitischen Gründen in den USA (und anderswo im Westen) und schlicht aus vulgärem Karrierismus. Finkelsteins Analyse einer ‚Holocaust-Industrie' ist deshalb völlig korrekt."

216 Bartov, Tale, 2000.
217 Vgl. bspw. Wolfgang Benz: Was ist Antisemitismus?, Bonn 2004 (Lizenzausgabe für die Bundeszentrale für politische Bildung), S. 138f.
218 Peter Novick: USA, 2002, in: Knigge/Frei, Verbrechen, S. 288–297, Zitat S. 289.
219 Auf die in der deutschen Debatte aufscheinenden Ideologeme werde ich ausführlich in Kapitel III. eingehen.
220 Finkelstein, Holocaust-Industrie, 2001, S. 137.
221 Ebd., S. 139.

und Immunität zu erlangen, Kritik abzuweisen und den moralischen Vorteil des Opferstatus zu potenzieren, um ihn, auf Kosten anderer Nationen und der eigenen Shoah-Überlebenden, „in bare Münze" zu verwandeln. Ihre „Wert"- also Geldfixiertheit drücke sich auch darin aus, dass sie, so wie sie „wieder zu Zionisten wurden, als es [Israel; M.S.] zu einem Wert wurde", auch ihre ethnische Identität von sich fernhielten, „als sie eine Belastung war", und „erneut zu Juden" wurden, „als das einen Wert darstellte."[222] Am Antisemitismus trügen sie Mitschuld, ja die „Holocaust-Industrie" sei „es vor allem", die „den Antisemitismus in Europa" schüre.[223]

Das hier wahrlich ein geschlossenes Bild einer jüdischen Verschwörung gezeichnet wird, sollte deutlich geworden sein. Dass die jüdische Gemeinschaft in den USA und ihre zahlreichen und sehr unterschiedlichen Organisationen weder einen monolithischen „Block" darstellen, noch, dass sie in ihrer Geschichte mitunter in offenem Gegensatz zur US-Führung und deren Politik standen, wird dabei – notwendigerweise – verschwiegen.[224]

Während Rolf Surmann schreibt, dass sich in Finkelsteins „maßloser Polemik" (vor allem in Bezug auf die Entschädigungspolitik) „kein wahrer Kern" verberge,[225] ist Omer Bartov der Auffassung:

> „What I find so striking about ‚The Holocaust Industry' is that it is almost an exact copy of the arguments it seeks to expose. It is filled with precisely the kind of shrill hyperbole that Finkelstein rightly deplores in much of the current media hype over the Holocaust; it is brimming with the same indifference to historical facts, inner contradictions, strident politics and dubious contextualizations; and it oozes with the same smug sense of moral and intellectuell superiority. [...] Like any conspiracy theory, it contains several grains of truth; and like any such theory, it is both irrational and insidious."[226]

---

222 Vgl. ebd., S. 41.
223 Vgl. ebd., S. 136.
224 Hier sei exemplarisch auf die Kontroverse um US-Präsident Ronald Reagans 1985 gemeinsam mit dem deutschen Bundeskanzler Helmut Kohl vorgenommenen Besuch des Soldatenfriedhofs in Bitburg, auf dem auch Angehörige der SS begraben sind, verwiesen; vgl. dazu Shlomo Shafir: Ambigous relations: the American Jewish community and Germany since 1945, Detroit 1999, S. 299ff. Zu einer realistischen Einschätzung der angeblich so einflussreichen „jüdischen Lobby" in den USA vgl. bspw. No Schmooze with the Jews, in: The Economist vom 6.4.2002. Zu den vielfältigen Dimensionen jüdischen Lebens in den USA vgl. bspw. Robert M. Seltzer/Norman J. Cohen (Hg.): The Americanization of the Jews, New York 1995.
225 Vgl. Surmann, Polemik, 2001, S. 18.
226 Bartov, Tale, 2000.

Bartov weist hier auf die, seiner Ansicht nach, „wahren Körnchen" in Finkelsteins Buch hin. Damit steht er keineswegs allein. Denn in den USA und besonders in der US-amerikanisch-jüdischen Gemeinschaft gibt es seit einigen Jahren eine kontroverse Debatte um den Stellenwert und die Formen der Erinnerung an die Shoah. Wie Peter Novick bemerkt: „Unter den amerikanischen Juden läuft eine Debatte darüber, wie zentral der Holocaust für die Frage nach ihrem Selbstverständnis und der Darstellung gegenüber anderen sein darf."[227] Diesem genuin US-amerikanisch-jüdischen Kontext ist sowohl das Buch Finkelsteins als auch Novicks Veröffentlichung zuzuordnen. Sie bilden nur zwei von einer Vielzahl höchst unterschiedlicher zum Thema in den letzten Jahren verfasster Beiträge, wobei gerade Finkelsteins „Die Holocaust-Industrie" eine sehr spezielle und abgesonderte Position aufgrund seiner geschilderten verschwörungstheoretischen Ausrichtung bezieht, aber auch Novick nimmt keine „neutrale" Haltung ein.[228] Im Folgenden sollen einige Aspekte und Positionen dieser Debatte skizziert werden, um eine ungefähre Einordnung von Finkelsteins Buch in diesen Kontext zu ermöglichen.

Laut Peter Novick ist

„das Gedenken an den Holocaust in Amerika insgesamt – das Holocaust-Bewußtsein – [...] ein Nebenprodukt – teilweise ein unbeabsichtigtes Nebenprodukt – des gestiegenen Interesses der amerikanischen Juden an der Erinnerung an den Holocaust. Wenn das Holocaust-Bewußtsein nicht, wie Finkelstein es gerne möchte, das Ergebnis einer Verschwörung amerikanisch-jüdischer Eliten ist, die niedere Ziele verfolgen (und das ist es sicher nicht), so ist es auch keine spontane Reflexion eines kollektiven amerikanischen Willens, sich zu erinnern."[229]

Ausgehend von den in seinem Buch eingangs gestellten Fragen, warum die Thematisierung der Shoah nach Jahren des Schweigens ab den späten 1960er Jahren

---

227 Novick, USA, 2002, S. 296.
228 Vgl. zu dieser Debatte bspw. Hilene Flanzbaum (Hg.): The Americanization of the Holocaust, Baltimore 1999; Alvin H. Rosenfeld: The Americanization of the Holocaust, in: Commentary, Bd. 99, H. 6 (1995), S. 35–40; Jeffrey Shandler: While America Watches: televising the Holocaust, New York 1999; James E. Young: Formen der Erinnerns. Gedenkstätten des Holocaust, Wien 1997, S. 353–461 (Original: ders.: The Texture of Memory. Holocaust Memorials and Meaning, New Haven und London 1993); Gavriel D. Rosenfeld: The Politics of Uniqueness: Reflections on the Recent Polemical Turn in Holocaust and Genocide Scholarship, in: Holocaust and Genocide Studies: An International Journal, Bd. 13(1), H. 1 (1999), S. 28–61; als guten Überblick vgl. Tobias Brinkmann: Amerika und der Holocaust: Die Debatte über die ‚Amerikanisierung des Holocaust' in den USA und ihre Rezeption in Deutschland, in: Neue Politische Literatur, Jg. 48, H. 2 (2003), S. 251–270.
229 Novick, USA, 2002, S. 290.

immens zunahm, warum dies gerade in den USA der Fall war und drittens, „ob die herausragende Stellung, die der Holocaust im Diskurs sowohl der amerikanischen Juden wie auch der Amerikaner insgesamt erlangt hat, so wünschenswert ist,"[230] vertritt auch Novick die Ansicht, dass die Erinnerung an die Shoah instrumentalisiert werde. Denn während er, wie bereits erwähnt, einerseits betont, dass im Klima des Sechstage-Kriegs von 1967 und des Jom Kippur-Kriegs von 1973 unter US-amerikanischen Jüdinnen und Juden die Angst vor einer Zerstörung Israels und einem drohenden „erneuten Holocaust" vorhanden war und diese zusammen mit den innenpolitischen Entwicklungen in den USA, die Novick als partikularistische Identitätsausrichtungen fasst,[231] eine verstärkte Thematisierung der Shoah bewirkten, schreibt er andererseits, dass das „Holocaust-Bewusstsein" „vorangetrieben" wurde, „um Unterstützung für das bedrängte Israel zu mobilisieren, das so dargestellt wurde, als sei es von einer Art Holocaust bedroht."[232] Die Bedeutungszunahme der Shoah für die amerikanischen Juden sei außerdem

> „das Ergebnis von Entscheidungen von Gemeindevorstehern als Antwort auf ihre Einschätzungen der aktuellen Gemeindebedürfnisse. [...] Daß das Endergebnis dieser Entscheidungen war, den Holocaust in den Mittelpunkt des Selbstverständnisses und der Vermittlung dessen, wie sich die Juden selbst verstanden, zu rücken und anderen Verständnis für sie zu vermitteln, war von den meisten, die den Prozeß in Gang gebracht hatten, weder voraussehbar, noch beabsichtigt gewesen."[233]

Novick lehnt auch die These der Einzigartigkeit der Shoah ab, wobei deutlich wird, dass er ebenfalls ein durchaus auf Provokation angelegtes Buch geschrieben hat.[234]

---

230 Ebd., S. 11. David Cesarani, Professor für Zeitgeschichte und moderne jüdische Geschichte an der University of Southampton, stellt eine der Vorrausetzungen Finkelsteins und Novicks, nämlich die Behauptung, dass vor dem Ende der 1960er Jahre die Shoah öffentlich nahezu nicht thematisiert worden sei, in Abrede: „The impact of the Holocaust in the years before 1967 is registered in the interstices of debates and controversies on other matters." David Cesarani: Is There, and Has There Ever Been, a „Holocaust Industry"?, in: Andris Caune, Aivars Stranga und Margers Vestermanis (Hg.): Holokausta izpētes problēmas Latvijā/The Issues of the Holocaust Research in Latvia. Latvijas vēsturnieku komisijas raksti, 2. sējums (Latvijas Vēstures institūta apgāds), Rīga 2001, S. 83–99, Zitat S. 94.
231 Vgl. ebd., S. 198ff.
232 Vgl. ebd., S. 337.
233 Ebd., S. 263.
234 Vgl. Novick, Umgang, 2001, S. 254ff. Novick schreibt bspw. vom „Wettstreit" um die „Goldmedaille bei den olympischen Opferspielen", ebd., S. 253.

Während Novicks Studie in den USA breit und zum Teil recht kritisch rezipiert wurde,[235] fand Finkelsteins Buch dort keine vergleichbare Resonanz. Doch teilweise wurden beide Titel miteinander verknüpft. „Die meisten amerikanischen Rezensenten betonten, daß Novick ein äußerst provokatives Buch geschrieben hatte."[236] Ihm wurde unter anderem vorgeworfen, die Gruppe der amerikanischen Juden, „schemenhaft" darzustellen, „undifferenziert" zu argumentieren und den „Bezug zu dem, was hinter dem Begriff ‚Holocaust' steht, fast völlig verloren" zu haben, da er „so stark auf die Instrumentalisierung des Holocaust fixiert" sei.[237] Ein weiterer Vorwurf war, „daß er sich nicht entscheiden könne, ob der Holocaust systematisch und planmäßig von führenden amerikanischen Juden instrumentalisiert werde oder nicht."[238]

Alvin H. Rosenfeld, Professor für Jewish Studies an der Indiana University, argumentiert schärfer und vergleicht Novick mit Finkelstein:

> „Although the notion of a ‚Holocaust industry' has been popularized by Norman Finkelstein, Peter Novick – a much more serious scholar – employs roughly similar terms in *The Holocaust in American Life*, which appeared in 1999. Through his repeated references to the work of well-placed Jewish influentials [...] Novick comes close to positing a ‚Holocaust industry' in all but name."[239]

Denn nach Rosenfeld stelle Finkelsteins Buch bloß eine neue, wenn auch extreme Stufe einer polemischen Befassung mit der Shoah dar:

> „Yet for all its extremism, it [Finkelsteins Buch; M.S.] represents little more than a new stage of a polemical engagement with the Holocaust that has been building over the years in the work of other writers, many of whom employ terms that resemble Finkelstein's. As a result, Holocaust memory at the outset of the 21st century finds itself under mounting attack."[240]

Rosenfeld fasst die verschiedenartigen Kritiken an der Bedeutungszunahme der Shoah für die amerikanischen Jüdinnen und Juden folgendermaßen zusammen:

> „The Holocaust, in short, is supposed to be to blame for much of what ails American Jews. Traditionalists hold it responsible for distorting Judaism and replacing religious observance with a new civil religion that enshrines Jewish victimization,

---

235 Vgl. Brinkmann, Amerika, 2003, S. 258f.
236 Ebd., S. 258.
237 Vgl. ebd., S. 259.
238 Ebd.
239 Alvin H. Rosenfeld: The Assault on Holocaust Memory, in: The American Jewish Year Book, Bd. 101 (2001), S. 3–20, S. 15.
240 Ebd., S. 3f.

instead of God, at its core. And liberal-minded thinkers call it to account for narrowing the Jewish political vision and replacing an older, broader-based universalism with a chauvinistic particularism."[241]

Novick und Finkelstein, bei allen Unterschieden ihrer Bücher und Ansätze, vertreten universalistische Ansätze und kritisieren einen sich auf die Erfahrung der Shoah berufenden „jüdischen Partikularismus" in der US-amerikanischen Gesellschaft. Beide lehnen die These der Singularität der Shoah ab, da diese den Partikularismus stütze. Rosenfeld schreibt dazu:

„The issues on which the arguments typically turn have less to do with the Holocaust as a historical event than with accusations about the manipulative use of the Holocaust as an exaggerated element of contemporary Jewish identity. What is at stake in these increasingly bitter debates, in other words, is yet another version of the politics of memory, according to which American Jews allegedly use the moral advantages that are theirs as privileged ‚victims' to advance parochial aims and partisan political agendas."[242]

Eine betont instrumentelle Bezugnahme auf die Shoah, die schon aufgrund ihres Charakters nicht der Sicherung von partikularen jüdischen Gruppeninteressen dienen könnte, sondern diesen wegen eines universalistischen Ansatzes sogar widerspricht, ist indes in der US-amerikanischen Gesellschaft in breiter Form vorhanden, was bei Finkelstein nicht oder verfälschend dargestellt wird.

Im Beit HaShoah – Museum of Tolerance in Los Angeles wird die Geschichte der Shoah paradigmatisch für die „aus Intoleranz resultierenden" Untaten der Menschheitsgeschichte einem großen Publikum dargestellt.[243] Wie Gulie Ne'eman Arad, Professorin für Amerikanische und Europäische Geschichte an der Ben Gurion University of the Negev, Be'er Sheva, bemerkt, „ist die Tatsache, daß diese [Untaten, die aus Intoleranz resultieren; M.S.] gegen Juden begangen wurden, unwesentlich für das zentrale Thema des Museums."[244] Entgegen Finkelsteins Behauptung werden in dem hier praktizierten – durchaus hinterfragbaren – Ansatz auch Gewalttaten, Konflikte und Herrschaftstechniken aus der US-amerikanischen Geschichte thematisiert und die Besucher und deren eigene Einstellungen miteinbezogen:

„Eine eindimensionale Schilderung stellt die amerikanische Geschichte – vom Abschlachten der Pequots 1637 bis zum Zusammenschlagen von Rodney King – als

---

241 Ebd., S. 11.
242 Ebd., S. 7.
243 Vgl. Gulie Ne'eman Arad: Der Holocaust in der amerikanisierten Erinnerung, in: Gertrud Koch (Hg.): Bruchlinien. Tendenzen der Holocaustforschung, Köln u. a. 1999, S. 231–252, Zitat S. 241.
244 Ebd., S. 241.

Geschichte der Ungerechtigkeit und Grausamkeit dar. ‚Wer ist verantwortlich?' fragt der ‚Manipulator' [d. i. der Museumsführer; M.S.], und die multilinguale Antwort heißt: ‚Du bist es.'"[245]

Ähnliches stellt Arad auch für das USHMM in Washington, D. C. fest. Dort werde Auschwitz als „moralische Ikone mit allgemeingültigen Implikationen" benutzt und die Shoah Opfer einer „Entjudaisierung".[246] Seiner historischen Spezifik beraubt, werde die reale Geschichte verfälscht und das Ereignis dekontextualisiert.[247] Michael Berenbaum, Project Director des USHMM und Fürsprecher einer „Americanization of the Holocaust" im Sinne einer Implementierung der Shoah in die gesamte amerikanische Gesellschaft als Mahnung und Negativbild zu den amerikanischen Werten, formuliert diesen Ansatz folgendermaßen:

> „The Museum will take what could have been the painful and parochial memories of a bereaved ethnic community and apply them to the most basic of American values. Located adjacent to the National Mall [...] the building and its contents are being designed with neighbors in mind so that the Holocaust Museum will emerge as an American instituition that will speak to the national saga."[248]

Nach Arad könnte „die Universalisierung des Holocaust und seine Verwahrung in der amerikanischen Kultur als kontraproduktiv für spezifisch jüdische Interessen gelesen werden. Tatsächlich scheint sich eine Gegenreaktion zu entwickeln, deren Ziel es ist, den Holocaust als spezifisch jüdische Geschichte wiederherzustellen und die dominante Position der Juden in der Hierarchie des Hasses wiederzugewinnen."[249]

Alvin H. Rosenfeld schreibt hingegen zur Popularisierung des „Holocaust-Bewusstseins" nach dem Sechstage- und dem Yom Kippur Krieg:

> „There was an outpouring of writing about the Holocaust, an exceptional effort by Jews to educate themselves and the public at large about the Nazi crimes. This was an important and legitimate goal, and it suceeded in bringing the Holocaust into the mainstream culture. That success, however, perhaps made it inevitable that Holocaust consciousness would become subjected to the compromises and abuses that come along with popularization, commercialization, and politicization of history. Inevitable, though, does not mean desirable, and it is salutary that critical attention has

---

245 Ebd., S. 242. Bei den Pequots handelt es sich um einen indianischen Stamm; der gerichtliche Freispruch einer Gruppe weißer Polizisten, die den Schwarzen Rodney King misshandelt hatten, war im Jahr 1992 Auslöser schwerer Unruhen in Los Angeles.
246 Vgl. ebd., S. 238.
247 Vgl. ebd., S. 239.
248 Michael Berenbaum: After tragedy and triumph: essays in Modern Jewish thought and the American experience, Cambridge 1990, S. 163.
249 Arad, Holocaust, 1999, S. 247.

been drawn to some of the more dubious ways in which the stories and images of the Holocaust have circulated in the public sphere."[250]

Die Kontroverse um den Stellenwert der Shoah und die Formen ihrer Erinnerung in der US-amerikanischen Gesellschaft und insbesondere in der jüdischen Gemeinschaft der USA ist bestimmt von einer „kaum überschaubaren Pluralität der Erinnerung" und der „herausgehobenen Funktion von Identitätspolitik".[251] In diesem Spannungsfeld sind die unterschiedlichen Positionen und Debattenbeiträge verortet. Sie variieren, grob zu differenzieren versucht, zwischen der Betonung der Singularität der Shoah und der Partikularität ihres Anspruchs, einem aus der Shoah abgeleiteten universellen Anspruch verknüpft mit ihrer Instrumentalisierung als Negativbild zu den „Werten der USA", einer Herabsetzung ihrer Bedeutung für die US-Gesellschaft als Ganze und einer Betonung des universellen, gesamtamerikanischen Anspruchs bei gleichzeitiger Betonung der Gleichrangigkeit anderer „Opfererzählungen".

Dass es sich hierbei um eine sich seit Jahren entwickelnde, breite und sehr komplexe Debatte handelt, sollte trotz der wenigen angeführten Beispiele deutlich geworden sein. Finkelsteins und auch Novicks Buch beziehen sich auf jene, wenn auch in unterschiedlicher Weise, und können nur als Teil dieses Zusammenhangs verstanden werden. Peter Novick betont dies auch ausdrücklich in dem an die Leserinnen und Leser in der Bundesrepublik gerichteten Vorwort seines Buches: Sein Buch sei, so schreibt er, „als Beitrag zur aktuellen öffentlichen Debatte in den USA über die Rolle des Holocaust im Leben der amerikanischen Judenschaft und im amerikanischen Leben allgemein verfasst" worden: „In dieser Hinsicht belauscht der deutsche Leser eine rein amerikanische Debatte."[252]

Finkelsteins polemisches, vor antisemitischen Stereotypen einer jüdischen Verschwörung strotzendes und einer persönlichen „Mission" folgendes Buch „Die Holocaust-Industrie" bildet dabei so etwas wie das „Extrem" dieser US-amerikanischen Kontroverse, das deren Beiträge ins Bizarre verzerrt. Es ist bezeichnend, dass es in den USA nahezu keine Resonanz fand.[253]

Aber, wie Alvin H. Rosenfeld anmerkt: „For people who are weary of hearing about Hitler and the Jews, Finkelstein's impassioned ‚exposé' of an elaborate Holocaust extortion racket will be a welcome development long overdue."[254]

---

250 Rosenfeld, Assault, 2001, S. 9.
251 Vgl. Brinkmann, Amerika, 2003, S. 256.
252 Novick, Umgang, 2001, S. 9f.
253 Vgl. bspw. Uwe Schmitt: Kurzer Prozess: In den USA gab es keine Debatte um Finkelsteins Thesen, in: Die Welt vom 7.2.2001.
254 Rosenfeld, Assault, 2001, S. 19.

II. Die deutsche Debatte um Norman G. Finkelsteins „Holocaust-Industrie"

Nachdem im vorherigen Kapitel eine Darstellung von Finkelsteins Person, dem Inhalt seines Buches „Die Holocaust-Industrie" und des gesellschaftspolitischen Rahmens, in dem seine Thesen zu verorten sind, unternommen wurde und somit eine Basis zur Einschätzung der hiesigen Rezeption des Buches gelegt worden ist, wird in diesem Kapitel die deutsche Debatte um sein Buch und dessen Thesen behandelt und analysiert. Im ersten Teil (II.1) wird dabei der zeitliche Verlauf der Kontroverse als Phänomenologie der Debatte mitsamt ihrer Akteurinnen und Akteure, Ebenen und Erscheinungsformen zusammenfassend illustriert. Im anschließenden zweiten Abschnitt (II.2) wird eine systematische Analyse der deutschen „Holocaust-Industrie"-Debatte anhand der in ihr aufscheinenden Ideologeme vorgenommen.

II.1 Verlauf der Debatte in der Bundesrepublik

Wie bereits in Kapitel I.1 erwähnt, tauchte Finkelsteins These von der Existenz einer „Holocaust-Industrie" und seine Beschreibung ihrer Funktion und „Anatomie" bereits (in verkürzter Form) in seinem Text zur Goldhagen-Debatte auf. Doch der eigentliche Anstoß zu seinem Buch, das sich nur mit dieser These auseinandersetzt und die hier Titel gebend ist, war eine Rezension von Peter Novicks „The Holocaust in American Life", die Finkelstein am 6. Januar 2000 in der *London Review of Books (LRB)* veröffentlichte.[255] Finkelsteins Verleger Colin Robertson bei Verso erläuterte dazu später in einem Interview: „I saw the piece in the LRB [...] and I thought there could be a book in it."[256] In dieser Rezension setzte sich Finkelstein mit Novicks Thesen in Kurzform und auf die schon in der Zusammenfassung des Buchinhalts (vgl. Kapitel I.2) erläuterte Weise auseinander. Nicht, wie Novick behaupte, die Angst vor einer neuen Shoah, sondern Israels bewiesene militärische Stärke und Allianz mit den USA, nicht der „Opferstatus" der amerikanischen Jüdinnen und

---

255 Vgl Norman G. Finkelstein: How the Arab-Israeli War of 1967 gave birth to a memorial industry, in: London Review of Books vom 6. Januar 2000, S. 33–36.
256 Colin Robertson zit. n. Rayner, list, 2000.

Juden, sondern ihre gesellschaftliche „Macht" hätten zur Zentrierung des Holocaust (der in dieser Rezension nicht mit großgeschriebenem Artikel als „The Holocaust" abgegrenzt wird) im US-amerikanischen Leben nach 1967 geführt:

> „The fact that the Holocaust industry sprang up at this time had much less to do with Israel on the verge of destruction than with its display of martial prowess. [...] In exploring the domestic factors which have encouraged the Holocaust industry, Novick points to the ‚culture of victimization'. Again I would say that the Holocaust has taken hold among American Jews precisely because they are not victims."[257]

Bemerkenswert ist dabei, dass sowohl in dieser Rezension, wie auch in Finkelsteins damaligem Artikel über Goldhagen, das „doppelte Abkassieren" der „Holocaust-Industrie", die angebliche „Erpressung" der Schweiz, Deutschlands und Osteuropas sowie die Nichtweiterleitung der Entschädigungsgelder an die Überlebenden, nicht erwähnt wurden. Weder die CC, eine andere jüdische Entschädigungsorganisation oder deren Funktionäre, noch die damals aktuellen Verhandlungen wurden hier mit einem Wort thematisiert. Einzig angebliche Zahlenmanipulationen der israelischen Regierung beschrieb Finkelstein:

> „The Israeli Prime Minister's Office recently stated that there were nearly a million living survivors. Perhaps this is because it would be difficult to press massive new claims for reparations if only a handful of survivors remained."[258]

In seinem Buch „Die Holocaust-Industrie" bildet das diesem Thema gewidmete dritte Kapitel („Doppelt abkassiert") das von der Anzahl der Seiten her längste und inhaltlich einen zentralen Anklagepunkt Finkelsteins gegen die „Holocaust-Industrie", der aufgrund seines Bezugs zur Bundesrepublik gerade in der Diskussion hierzulande eine wichtige Rolle spielte.

Die Debatte um die „Holocaust-Industrie" lief in der Bundesrepublik[259] in drei Phasen ab: Die erste Phase begann Ende Januar 2000, also kurz nach der

---

257 Finkelstein, War, 2000, S. 34.
258 Ebd., S. 36.
259 Auf die Kontroversen in anderen (vor allem europäischen) Staaten kann an dieser Stelle nicht näher eingegangen werden. Es sei aber darauf verwiesen, dass es bspw. auch in Großbritannien, Frankreich, Österreich und der Schweiz zu öffentlichen Debatten um die „Holocaust-Industrie" kam. In Großbritannien veröffentlichte etwa die Zeitung *The Guardian* in zwei aufeinander folgenden Ausgaben Auszüge aus Finkelsteins Buch, vgl. „The business of death" und „Swiss toll" in: The Guardian vom 12. und 13. Juli 2000. Soweit der Autor die öffentliche Kontroverse in diesen Staaten überblicken kann, scheint sie aber mit der Intensität der deutschen Debatte nicht vergleichbar. Außerdem trifft Finkelsteins Buch hierzulande auf völlig andere

Veröffentlichung von Finkelsteins Rezension in der *LRB* und damit lange vor Veröffentlichung der deutschen Übersetzung und auch der englischsprachigen Originalausgabe von Finkelsteins Buch „Die Holocaust-Industrie". Die zweite Thematisierungswelle erfolgte nach der Veröffentlichung des Buches bei Verso im Juli 2000, die dritte schließlich Anfang Februar 2001, als es beim Piper-Verlag in einer Ausgabe für den deutschen Buchmarkt erschien.[260]

Am 29. Januar 2000, zwei Tage nach dem deutschen Gedenktag für die Opfer des Nationalsozialismus, veröffentlichte die *Berliner Zeitung* ein zweiseitiges Interview, das Stefan Elfenbein in New York mit Finkelstein geführt hatte, unter der Überschrift „Die Ausbeutung jüdischen Leidens".[261] Darin attackierte dieser die CC, warf ihr die Manipulation der jüdischen Überlebendenzahlen und den Missbrauch der erhaltenen Gelder vor: „Deutschlands Richtlinien waren fair. Die JCC allein ist verantwortlich dafür, dass viele Opfer, auch die Sklavenarbeiter, nie entschädigt wurden."[262] Und, so Finkelstein, „historisch gesehen" verstreuten „die Verantwortlichen für die Sammelklagen jetzt den Dünger für einen neuen Antisemitismus."[263] In der Einleitung des Interviews wurde Finkelsteins Buch für Juli desselben Jahres angekündigt. Auch der Hinweis auf Finkelsteins familiären Hintergrund fehlte hier nicht. Im nebenstehenden Editorial schrieb Michael Mönninger unter der Überschrift „Tabubruch":

> „Nie hatte es in Deutschland jemand gewagt, nach der Verwendung der seit den fünfziger Jahren an die JCC gezahlten Wiedergutmachung zu fragen. Auch bei der aktuellen Einigung der deutschen Wirtschaft, zur Abwehr der Sammelklagen aus Amerika einen pauschalen Entschädigungsfonds zu gründen, wird es größte Schwierigkeiten bereiten, die gerechte Zuteilung des Geldes an die Opfer zu gewährleisten. Es liegt in der Natur solcher *Ablasszahlungen*, dass die Nachkommen der Täter froh sein müssen, wenn ihr *Geldopfer* akzeptiert wird. Zur Überprüfung der Verwendungszwecke sind nichtjüdische Deutsche nach wie vor nicht legitimiert. [...] Nun, da Finkelstein

---

    gesellschaftliche Voraussetzungen: Die Bundesrepublik ist der Rechtsfolgestaat des „Dritten Reiches", des Täterstaates.
260 Im Folgenden werde ich zumeist nur auf überregionale Tages-, Wochenzeitungen und Nachrichtenmagazine etc. eingehen. Aber auch in den Lokalzeitungen wurde intensiv über Finkelsteins Thesen berichtet. Vgl. für die zweite Welle der Debatte Arne Behrensen: The Holocaust Industry – Eine deutsche Debatte, in: Ernst Piper (Hg.): Gibt es wirklich eine Holocaust-Industrie? Zur Auseinandersetzung um Norman Finkelstein, Zürich 2001, S. 15–43, S. 33ff.
261 Vgl. Norman Finkelstein: Die Ausbeutung jüdischen Leidens (Interview), in: Berliner Zeitung vom 29./30.1.2000.
262 Ebd.
263 Vgl. ebd.

das Schweigen gebrochen hat, müssen gerade die Deutschen umso schärfer darauf achten, wessen Rede jetzt anschwellen will. [Hervorhebungen M.S.]"[264]

Bereits am 28. Januar war das Interview mit Finkelstein auf der Titelseite der *Berliner Zeitung* mit der Überschrift „Schwere Vorwürfe gegen Jewish Claims Conference" und einem Kurztext vorangekündigt worden.[265] Damit war die Debatte eröffnet.

Die CC reagierte auf das Interview mit einer Gegendarstellung, in der sie ausführlich auf die Vorwürfe einging.[266] Die Bundesregierung habe entgegen Finkelsteins Behauptung niemals zuvor Entschädigungszahlungen für NS-Zwangs- und Sklavenarbeiterinnen und -arbeiter geleistet. Im Luxemburger Abkommen vom 10. September 1952 sei zwischen der Bundesrepublik und der CC eine Entschädigung von Sklaven- und Zwangsarbeit nicht beschlossen worden.[267] Es sei allein eine Entschädigung von Shoah-Überlebenden zu deren Unterstützung, Eingliederung und Ansiedlung vereinbart worden. Die Gelder würden zudem nicht zweckentfremdet, es gebe lückenlose Verwendungsnachweise. Die von der CC bei den Entschädigungsverhandlungen mit der Stiftungsinitiative der deutschen Wirtschaft angegebenen Zahlen von bei Kriegsende noch lebenden ca. 500.000 KZ-Häftlingen und heute noch lebenden ca. 135.000 ehemaligen Sklavenarbeitern sei überdies quellenmäßig belegt.[268] Weiterhin werde die CC keinesfalls, wie

---

264 Michael Mönninger: Tabubruch, in: Berliner Zeitung vom 29./30.1.2000. Es sei daran erinnert, dass Finkelstein in seinem Buch später der *Berliner Zeitung*, wie bereits in Kapitel I.2. erwähnt, für ihren „Mut" zum „Tabubruch" dankte. Vgl. Finkelstein, Holocaust-Industrie, 2001, Fn. 78, S. 222.
265 Vgl. Stefan Elfenbein: Schwere Vorwürfe gegen Jewish Claims Conference, in: Berliner Zeitung vom 28.1.2000.
266 Vgl. Karl Brozik: Gegendarstellung, in: Berliner Zeitung vom 1.2.2000.
267 Vgl. ebd. Rolf Surmann geht intensiv auf Finkelsteins falsche Darstellung des Luxemburger Abkommens ein, vgl. Rolf Surmann: Der jüdische Kronzeuge, in: ders.: Finkelstein-Alibi, 2001, S. 104–125, S. 115.
268 Vgl. ebd. Norman G. Finkelstein hatte die Zahl von etwa 100.000 jüdischen Shoah-Überlebenden, „100.000 KZ-Häftlingen und Sklavenarbeitern" genannt, die 1945 noch am Leben gewesen seien, weswegen heute nur noch ca. 25.000 am Leben sein könnten. Vgl. Finkelstein, Ausbeutung, 2000. Im Interview und in seinem später erschienenen Buch berief sich Finkelstein dabei auf den Historiker Henry Friedlander als Quelle. Vgl. ebd. und Finkelstein, Holocaust-Industrie, 2001, S. 85. Doch Friedlander nennt in der von Finkelstein angegebenen Quelle die Zahl von 100.000 „Jewish Survivors" nur für die in den KZ zum Zeitpunkt der Befreiung noch Lebenden, nicht eingeschlossen aber alle anderen, bspw. diejenigen, die auf der Flucht, auf den Todesmärschen, in anderen Lagern usw. die Befreiung erlebten. Vgl. Henry Friedlander: Darkness and Dawn in 1945: The Nazis, the Allies, and the Survivors,

von Finkelstein behauptet, „die Hälfte" der bei den Entschädigungsverhandlungen vereinbarten 10 Milliarden Mark erhalten, sondern „nur einen viel geringeren Bruchteil der Gesamtsumme zur treuhänderischen Verteilung."[269]

Am 4. Februar 2000 veröffentlichte die *Berliner Zeitung* dann ein Interview mit dem Historiker Wolfgang Benz zum Thema „Reparationsleistungen für die jüdische Sache", in dem dieser bestätigte, dass ehemalige Zwangsarbeiterinnen und Zwangsarbeiter bisher keine Entschädigung für vorenthaltene Löhne bekommen hätten und die Gelder nicht umgewidmet worden seien.[270] Außerdem äußerte er:

> „Die JCC hat eigentlich einen guten Leumund. […] Oft wirft man den Verbandsvertretern ihr repräsentatives Auftreten vor. Aber ein Verband, der in so großem Stile Ansprüche gegen Regierungen durchsetzen musste, kann nicht mit Fahrrad und Rucksack auftreten. […] Die Vertreter der Opfer müssen denen der Täter gleichrangig gegenüber auftreten"[271]

Doch damit sollte das Thema nicht erschöpft sein. Die *Berliner Zeitung* veröffentlichte wenig später einen insgesamt kritischen Artikel von Rafael Seligmann zu Finkelsteins Vorwürfen, der aber mit dem Plädoyer endete, dass Kritik nicht „vor koscheren Organisationen" Halt machen dürfe.[272] Und schließlich erschien noch eine ausführliche Übersicht über die Geschichte der Zwangsarbeitsentschädigung.[273]

Im Folgenden widmete auch *Der Tagesspiegel* dem Gegenstand eine ganze Seite unter der Überschrift „Entschädigung für Zwangsarbeiter. Die Rolle der Jewish Claims Conference". Neben einem Interview mit dem damaligen Leiter des Frankfurter Büros der CC, Karl Brozik, und einer Auflistung unterschiedlicher Zahlenangaben überlebender Zwangsarbeiterinnen und Zwangsarbeiter, wurde dort Finkelsteins Kritik an der CC wiedergegeben.[274] Finkelstein habe vorgeschlagen, das Geld durch die Bundesregierung direkt an die Überlebenden auszuzahlen.[275]

---

in: United States Holocaust Memorial Museum: 1945 – The Year of Liberation, Washington 1995, S. 11–35, S. 24.
269 Vgl. ebd.
270 Vgl. Wolfgang Benz: Reparationsleistungen für die jüdische Sache (Interview), in: Berliner Zeitung vom 4.2.2000.
271 Ebd.
272 Vgl. Rafael Seligmann: Behauptungen ohne Beweise. Zu den Vorwürfen gegen die Jewish Claims Conference, in: Berliner Zeitung vom 8.2.2000.
273 Vgl. Ulrich Herbert: Rückkehr in die blühende Völkergemeinschaft, in: Berliner Zeitung vom 12.2.2000.
274 Vgl. Eva Schweitzer: Wie kommt das Geld zu den Opfern?, in: Der Tagesspiegel vom 6.3.2000.
275 Vgl. ebd.

In einem reißerisch aufgemachten Interview (Überschrift: „Die Schindluder-Liste [sic]"), das die Illustrierte *Neue Revue* kurz darauf mit Finkelstein führte (und in dem er fälschlicherweise als Professor vorgestellt wurde, was in späteren Debattenbeiträgen, vor allem vonseiten der extremen Rechten, wiederholt auftreten sollte), äußerte dieser, dass „der gute Wille der Deutschen" von der CC und dem „Jüdischen Weltkongress" missbraucht werde, „indem sie Geld erpressen und ihre Geldschränke füllen".[276] Auf die Veröffentlichung seines damals geplanten Buches angesprochen, erklärte Finkelstein:

> „Ich bin nicht optimistisch, dass es in Deutschland erscheinen darf. Mit ihren Verleumdungen und Erpressungen hat die JCC die deutsche Presse seit Monaten zum Schweigen gebracht. [...] Ich wette, dass die JCC dasselbe mit meinem Buch versucht. Also: Es liegt an den Deutschen. Sollen diese Holocaust-Profiteure sie weiter ausrauben?"[277]

Solcherart verleumderische Anschuldigungen disqualifizierten Finkelstein und seine Thesen aber offenbar keineswegs für weitere Bezugnahmen. Am 1. April veröffentlichte die *Berliner Zeitung* ein äußerst aggressiv geführtes Interview mit Karl Brozik, in dem dieser in eine Verteidigungsposition zu Finkelsteins Vorwürfen gedrängt wurde.[278] Brozik erläuterte ausführlich die Entschädigungsregelungen und verwies auf veröffentlichte und nie beanstandete Jahresberichte der CC, in denen alle Nachweise nachzulesen seien.[279] Außerdem bemerkte er:

> „Was mich aber am meisten betroffen macht, ist, dass ein Einzelner sich mit diesen Angriffen zu profilieren versucht und dabei auf das größte Entgegenkommen bei der deutschen Presse stößt. Es trifft mich besonders, dass Finkelsteins Anwürfe von der deutschen Presse kritiklos übernommen werden, ohne dass wir als die Betroffenen befragt werden. Im Gegenteil wurde es als Tabubruch gefeiert, dass ein Jude eine jüdische Organisation angreift, die der Dachverband der wichtigsten jüdischen Organisationen und Verfolgtenverbände ist. Eine Reihe von Journalisten haben sich hinter

---

276 Vgl. Norman G. Finkelstein: Die Schindluder-Liste (Interview), in: Neue Revue Nr. 12 vom 16.3.2000, S. 12–13. In der Vorbemerkung heißt es: „Der renommierte US-Politologe Prof. Finkelstein, selbst Jude, stellt das ganze ‚Sklavengeld' in Frage, sagt: Falsche Zahlen, falsche Listen, falsche Summen – Deutschland wurde getäuscht!". Ebd.
277 Ebd.
278 Vgl. Karl Brozik: „Wir haben die Zahl der Opfer noch unterschätzt" (Interview), in: Berliner Zeitung vom 1./2.4.2000. An dieser Stelle sei erwähnt, dass der mittlerweile verstorbene Karl Brozik selbst Auschwitz-Überlebender war und als einziger seiner 26-köpfigen Familie die Shoah überlebte.
279 Vgl. ebd.

Finkelstein versteckt. Für mich ist das ein unerwartetes Indiz, wie weit wir noch von einer Normalität im Verhältnis zwischen Deutschen und Juden entfernt sind."[280]

Im Editorial derselben Ausgabe gab wiederum Michael Mönninger unter der Überschrift „Historikerstreit" einen Kommentar ab.[281] Finkelstein habe seine Quellen gegenüber der *Berliner Zeitung* offen gelegt, „zur Klärung dieser Streitfragen" habe die Redaktion Brozik „zu einem Gespräch gebeten". Es habe sich „ein neuer Historikerstreit aufgetan", da Finkelsteins Zahlen auch durch den Leiter des Raphael-Lemkin-Instituts für Xenophobie- und Genozidforschung an der Universität Bremen, Gunnar Heinsohn, „bedingungslos unterstützt" würden.[282]

Nachdem daraufhin die Aufmerksamkeit für Finkelsteins Thesen einige Zeit erlahmte, kam es nach der Veröffentlichung der englischsprachigen Originalausgabe von „Die Holocaust-Industrie" im Juni 2000 zu einer wahren Welle von Rezensionen und anderen Beiträgen, deren Ausmaße sich nicht mehr überschauen lassen und die die Zahl der Artikel in der ersten Phase der Debatte um ein Vielfaches überstiegen, in nahezu sämtlichen deutschen Medien. Sogar in den ARD-Abendnachrichten *Tagesthemen* wurde eine Reportage über Finkelstein ausgestrahlt, in der es hieß: „Das Buch enthält vielleicht Fehler, aber auch begründete Kritik."[283] „Die Medien mühten sich", wie Wolfgang Benz es bezeichnet, „mit Verve um die Thesen Finkelsteins."[284]

Die offenbar erste Rezension des Buches, die auch eine Rezeptionstendenz begründete, erschien in der *Welt am Sonntag* von Rafael Seligmann.[285] Denn trotz ausdrücklicher Kritik von Finkelsteins Thesen endete sie mit den Sätzen: „Es wäre falsch, seine [Finkelsteins; M.S.] Kritik als destruktive Polemik abzutun. Sie ist anregend. Vor allem aber notwendig wie ein Reinigungsmittel."[286] Die *Woche* druckte kurze Zeit später ins Deutsche übersetzte Auszüge aus Finkelsteins

---

280 Ebd.
281 Vgl. Michael Mönninger: Historikerstreit, in: Berliner Zeitung vom 1./2.4.2000.
282 Vgl. ebd.
283 Gerald Baars: ‚Holocaust-Industry': Das umstrittene Buch von Norman Finkelstein, Reportage für die Tagesthemen am 11.8.2000, Skript auf http://www.tageschau.de.de/aktuell/meldungen/0,1185,OID|-1073440,00.html vom 19.7.2004.
284 Vgl. Benz, Antisemitismus, 2004, S. 139.
285 Vgl. Rafael Seligmann: Wird der Holocaust vermarktet?, in: Welt am Sonntag vom 23.7.2000.
286 Ebd. Arne Behrensen verweist darauf, dass Seligmann in einem späteren Text dagegen Finkelstein scharf kritisierte, „Koschermacher lächerlicher Vorwürfe" nannte und eine ähnlich positive Einschätzung wie in der ersten Rezension unterließ. Vgl. Behrensen, Debatte, 2001, S. 38.

Buch sowie mehrere Kurzkommentare von so unterschiedlichen Personen wie der Shoah-Überlebenden Gizella Weisshaus, die Finkelsteins Behauptungen stützte, dem Historiker Hans Mommsen, der auf die Erzeugung antisemitischer Ressentiments durch das Buch hinwies, dem Präsidenten des Zentralrats der Juden in Deutschland (ZJD) Paul Spiegel, Elie Wiesel, Noam Chomsky (wie bereits erwähnt), dem israelischen Schriftsteller Tom Segev und anderen ab.[287] Die kritischen Stimmen überwogen dabei.

In der folgenden Berichterstattung wurde Finkelstein zumeist sein polemischer Tonfall, seine persönlichen Angriffe und sein „undifferenzierter" Stil vorgeworfen. Gleichzeitig hieß es häufiger, in seiner Kritik stecke ein wahrer Kern, der diskutiert werden müsse. Es gab dennoch auch Beiträge, die Finkelstein scharf kritisierten. So erläuterte Brigitte Werneburg in der *tageszeitung* (taz) vom 7. August 2000, Finkelsteins Buch sei „ein der Entschädigungsfrage ganz und gar unangemessenes Pamphlet, das dem Ressentiment und nicht der Aufklärung zuarbeitet."[288] Philipp Blom schrieb hingegen in der *Berliner Zeitung* vom 11. August 2000:

> „Aus deutscher Perspektive ist es bedauerlich, dass Finkelstein nicht weiter auf Konzepte wie Diners ‚Zivilisationsbruch' eingeht. Hier wäre beispielsweise zu überlegen, ob nicht die tiefe Verankerung der Unvergleichbarkeit und Unverstehbarkeit von Auschwitz, der ‚Black Box' in der deutschen Geschichte, wie Diner es nennt, auch aus einem pervertierten deutschen Erwähltheitsbewusstsein in der Tradition von Hegel und Fichte (und später wohl auch Adorno) stammt: Wenn ein solches Verbrechen im Land der Dichter und Denker geschehen konnte, in der Kultur, in der Humanismus seinen philosophischen Höhepunkt erfuhr, dann ist es ein monströseres Verbrechen, als wenn andere, weniger zivilisierte Kulturen Völkermord begehen."[289]

In der *Zeit* vom 10. August 2000 behauptete Tobias Dürr, Finkelsteins „starke Thesen" seien zwar nicht „abgewogen".[290] Sie verdienten aber Aufmerksamkeit,

---

287 Vgl. Woche-Debatte: „Kasino der Entschädigungen" und „Antisemitischer Jude?", in: Die Woche vom 28.7.2000. Erwähnt sei hier, dass der ebenfalls zu Wort kommende emeritierte Historiker Ernst Nolte Norman Finkelstein für seine „Selbstkritik" lobte. „Jüdische Selbstkritik" müsse sich aber „auch auf die Vergangenheit der Weltkriegs-Epoche im Ganzen" beziehen. Vgl. ebd. Salomon Korn, Präsidiumsmitglied des ZJD, kritisierte Finkelsteins Rolle des „jüdischen Kronzeugen": „Jude gegen Jude [...]! Das kommt an beim nicht jüdischen Publikum." Gleichzeitig äußerte er, dass „nicht die emotionsgeladenen Behauptungen des Norman Finkelstein" Grund zur Befürchtung seien, „die seinen Verdächtigungen sofort zuteil werdende öffentliche Aufmerksamkeit, die öffentliche Bereitschaft, sie glauben zu wollen sind es." Ebd.
288 Brigitte Werneburg: Aus der Debattenindustrie, in: die tageszeitung vom 7.8.2000.
289 Philipp Blom: Dachau meets Disneyland, in: Berliner Zeitung vom 11.8.2000.
290 Vgl. Tobias Dürr: Finkelsteins Fragen, in: Die Zeit 33/2000 vom 10.8.2000.

auch obwohl er des „jüdischen Selbsthasses" bezichtigt worden sei. Und zwar deshalb, weil sie einen Anlass für „offenere Diskussionen" bieten könnten – „auch bei uns und gerade angesichts der Wiederkehr rechtsradikaler Positionen".[291] So müsse man etwa über Finkelsteins Frage reden, „ob nicht gerade die erinnerungspolitische Sakralisierung des Holocaust jenes Lernen aus der Geschichte, auf das diese Gesellschaft doch offensichtlich so sehr angewiesen ist, eher behindert als fördert."[292] Dürr schlug vor, „Einwände wie jene Finkelsteins in der Sache ernst zu nehmen" und „im Einzelnen zu prüfen", denn „auch das wird uns gut tun".[293] Die *Süddeutsche Zeitung* (SZ) ließ Finkelstein seine Thesen in der Ausgabe vom 11. August 2000 ausführlich darstellen.[294] Im Einleitungstext hieß es, dass Finkelstein um den „Beifall von der falschen Seite", dem „Lager der rechtsextremen Ressentiments" wisse.[295] Doch „nichts" sei „so unbeabsichtigt wie diese böse Nebenwirkung."[296] Zusätzlich wurde zur Lektüre seines Buches aufgefordert, das „die „Belege seiner Thesen" enthalte.[297] Dabei seien „Finkelsteins Thesen zum ‚Shoah-Business', wenn auch umstritten, im Grunde nicht neu"[298], wie Petra Steinberger einen Tag später in der SZ schrieb. Doch Finkelstein nenne „Namen".[299]

In Leserbriefen zu dessen Artikel wurde Finkelsteins „mutiger Anfang" zur „Benennung heutiger und historischer Tatsachen" gelobt: „Viele Deutsche" würden „in ihrem wahrhaften Bemühen der Wiedergutmachung gekränkt und andere zu Reden und Taten aufgestachelt, die die Öffentlichkeit erschrecken lassen".[300] Die „dauerhafte Erniedrigung reuiger Täter" verursache „provokative Reaktionen dumpfer Gehirne".[301] Finkelstein schneide „ganz offen Fragen an, die bisher mit einem Denkverbot belegt" worden seien, nun werde „auch über die Motive der ‚Verwalter des Holocaust-Gedenkens' diskutiert".[302]

---

291 Vgl. ebd.
292 Ebd.
293 Vgl. ebd.
294 Vgl. Norman G. Finkelstein: Geschäft mit dem Leid? Die Holocaust-Industrie, in: Süddeutsche Zeitung vom 11.8.2000.
295 Vgl. SZ: Geschäft mit dem Leid? Die Holocaust-Industrie (Einleitungstext), in: Süddeutsche Zeitung vom 11.8.2000.
296 Vgl. ebd.
297 Vgl. ebd.
298 Vgl. Petra Steinberger: IM PROFIL. Norman Finkelstein – Amerikanischer Politologe und Kritiker der Holocaust-Industrie, in: Süddeutsche Zeitung vom 12/13.8.2000.
299 Vgl. ebd.
300 Vgl. Ulla Rüdenholz: Leserbrief, in: Süddeutsche Zeitung vom 23.9.2000.
301 Vgl. ebd.
302 Vgl. Christian Schmidt: Leserbrief, in: Süddeutsche Zeitung vom 23.9.2000.

Lorenz Jäger stimmte in der FAZ Norman Finkelsteins Thesen grundsätzlich zu.[303] Die Ermordung der europäischen Juden sei „für manche" zum „eigenen Erwerbszweig" geworden. Finkelsteins Kritik gehe zwar „über den vagen Unmut, den man in Deutschland zuweilen verspüren mochte, weit hinaus", aber seine Argumente seien nicht „die der rechtsradikalen Leugner".[304] Jäger monierte, dass Finkelstein in seinem Buch „Wichtiges mit Unwichtigem" vermenge. Aber „Polemik" entstehe nicht „in der Ruhe der Gelehrsamkeit", sie müsse „die Dinge zuspitzen". Dafür sei es, so Jäger, „als würde plötzlich ein Fenster geöffnet."[305]

In den folgenden Wochen veröffentlichte die SZ mehrere Beiträge verschiedener US-amerikanischer und deutscher Historikerinnen und Historiker, Journalistinnen und Journalisten, Sozialwissenschaftlerinnen und Sozialwissenschaftler, die sich zu dem Buch positionierten.[306] Den Anfang machte ein Artikel des Harvarder Historikers Charles S. Maier, in dem dieser erklärte, Finkelsteins Publikation grenze an eine Neuauflage der „Protokolle der Weisen von Zion".[307] Die entscheidende Frage sei: „In welchem Umfang und wie lange lässt die Verantwortung einer Nation für die in ihrem Namen begangenen Gräuel die Forderung nach Wiedergutmachung zu?"[308] Die „bequeme Anwort", die man „aus Finkelsteins Thesen herauslesen wird, lautet: ‚Jetzt reicht es'."[309]

Der Freiburger Historiker Ulrich Herbert gab seinem Beitrag vom 18. August 2000 den Titel: „Vorschnelle Begeisterung – ein kritikwürdiges Buch, eine nützliche Provokation".[310] Herbert kritisierte Finkelsteins Argumentation und nannte sie teilweise „etwas verschwörungstheoretisch", doch eine kritikwürdige „Tabuisierung historischer Vergleiche" werde vielfältig versucht. Finkelstein beschreibe

---

303 Vgl. Lorenz Jäger: Das Leid, der Kitsch und das Geld. Norman G. Finkelsteins Angriff auf die „Holocaust-Industrie": Kam die Wiedergutmachung den Überlebenden zugute?, in: Frankfurter Allgemeine Zeitung vom 14.8.2000.
304 Vgl. ebd.
305 Vgl. ebd.
306 Diese Beiträge wurden – zusammen mit anderen ausgewählten Zeitungsartikeln – kurze Zeit nach Erscheinen der deutschen Ausgabe von „Die Holocaust-Industrie" in einem Sammelband wieder veröffentlicht. Vgl. Petra Steinberger (Hg.): Die Finkelstein-Debatte, München 2001.
307 Vgl. Charles Maier: Das Spiel finsterer Mächte? Eine Erwiderung auf Norman Finkelstein, in: Süddeutsche Zeitung vom 16.8.2000.
308 Ebd.
309 Vgl. ebd.
310 Vgl. Ulrich Herbert: Vorschnelle Begeisterung – ein kritikwürdiges Buch, eine nützliche Provokation: Über die Thesen Finkelsteins, in: Süddeutsche Zeitung vom 18.8.2000.

auch ein wirkliches Problem, die „Reduktion des Judenmords auf ein quasireligiöses, unverstehbares Ereignis, die Verkitschung der Ereignisse, aber auch die Reduktion des Genozids auf ein feuilletonistisches Dauergeplauder".[311]

Nach Auffassung der US-amerikanischen Journalistin Marcia Pally sei Finkelsteins „Die Holocaust-Industrie" einfach „Teil des zeitgenössischen jüdisch-amerikanischen Nachdenkens über den Holocaust".[312] In ihrem Artikel ging sie ausführlich auf diesen Kontext ein. Der Tel Aviver Soziologe Natan Sznaider bezeichnete Finkelsteins „wirklich schlechtes Buch" als „viel Lärm um Nichts".[313] Der *New York Times*-Kolumnist Jacob Heilbrunn meinte, der „zentrale Punkt" sei nicht, „ob Finkelsteins Thesen richtig oder falsch sind, sondern dass es einen amerikanischen Juden braucht, um eine Debatte in Deutschland loszutreten."[314] Der Essener Philosoph Slavoj Zizek erwähnte „die grundlegende Prämisse der akademischen Holocaust-Industrie", nämlich „die Erhebung des Holocaust zum metaphysischen Bösen", die nicht akzeptiert werden müsse.[315] Der Bochumer Historiker Norbert Frei erklärte:

> „Instrumentalisierung war von jeher im Spiel, wenn Vergangenes erinnert wird: Stets wird eine Auswahl getroffen, und stets gibt es einen Grund, warum dieses und nicht jenes vor dem Vergessen bewahrt oder ihm entrissen werden soll – vor dreißig Jahren nannte man das, weniger verklausuliert, Erkenntnisinteresse. Theoretisch also besteht kein Anlass, sich von vermeintlich hehren Warnreden wider die ‚Instrumentalisierung des Holocaust' beeindrucken zu lassen, die gerade eine gewisse Konjunktur erleben. Aber auch praktisch gibt es dafür keinen Grund, denn noch keiner dieser Kritiker hat erklären können, wie ein ‚richtiger', nicht-instrumenteller Umgang mit dem Holocaust aussehen sollte."[316]

Jacob Heilbrunn schrieb in einem Beitrag für den *Tagesspiegel*, dass „ähnliche Thesen" wie die des „neurotischen Extremisten" Finkelstein „zwar täglich in der ‚National-Zeitung' nachzulesen" seien, „aber nun erscheinen sie erstmals in den

---

311 Vgl. ebd.
312 Vgl. Marcia Pally: Tanz mit der Besonderheit. Wer fürchtet Norman Finkelstein?, in: Süddeutsche Zeitung vom 22.8.2000.
313 Vgl. Natan Sznaider: Wahl der Waffen. Norman Finkelstein und das Einrennen offener Türen, in: Süddeutsche Zeitung vom 24.8.2000.
314 Vgl. Jacob Heilbrunn: Deutsche gegen Deutsche. Schluss mit den Stellvertreterdebatten, in: Süddeutsche Zeitung vom 26.8.2000.
315 Vgl. Slavoj Zizek: Du sollst dir Bilder machen! Der Holocaust zwischen Schweigen und Lachen, in: Süddeutsche Zeitung vom 31.8.2000.
316 Norbert Frei: Abschied von den Zeitgenossen. Erbantritt – Nationalsozialismus und Holocaust im Generationswechsel, in: Süddeutsche Zeitung vom 9.9.2000.

geschliffenen Formulierungen eines amerikanischen Juden."[317] In der *Zeit* verteidigte der Historiker Reinhard Rürup die Anzahl und Form von Gedenkstätten in der Bundesrepublik und insbesondere das Denkmal für die ermordeten Juden Europas in Berlin.[318] In Deutschland könne niemand ernsthaft die Existenz einer „Holocaust-Industrie" behaupten. Der Londoner Historiker Peter Longerich nannte Finkelstein in einem Artikel in der *Frankfurter Rundschau* (FR) „besessen von seiner These der geldgierigen jüdischen Holocaust-Mafia".[319] Es bleibe abzuwarten, ob eine deutsche Übersetzung „einen Nerv treffen wird, kommt doch die Argumentation dem weit verbreiteten, amorphen Gefühl des ‚endlich genug' entgegen."[320]

In der FAZ vom 22. August 2000 übte Salomon Korn deutliche Kritik an der sich entwickelnden Debatte:

„Wie bereits in der ‚Goldhagen-Debatte' zählt in der Öffentlichkeit auch diesmal weder Reputation noch wissenschaftliche Redlichkeit des Norman Finkelstein, sondern vor allem dessen Rolle als ‚jüdischer Kronzeuge' gegen jüdische Organisationen. Dem Großteil des nichtjüdischen Publikums ist die detaillierte Auseinandersetzung um das Für und Wider der Finkelsteinischen Anschuldigungen gleichgültig. Sein Interesse liegt anderswo: Ohne ins Fettnäpfchen zu treten und ohne einem Antisemitismusverdacht ausgesetzt zu sein, kann es sich bequem zurücklehnen und lustvoll einem beliebten Schauspiel beiwohnen: der ‚Demontage' von Juden durch Juden. […] und wie wohltuend ist es doch gerade für viele deutsche Zuschauer, diese stets moralisierenden ‚Opfer erster Klasse' auch einmal in der Rolle als Täter zu sehen."[321]

Und, so Korns Fazit, „nicht Finkelsteins emotionsgeladene Thesen" seien „in Wahrheit das Problem, sondern deren öffentliche Rezeption."[322] Bernd Kallina schrieb hingegen im *Rheinischen Merkur*:

„Finkelsteins Angriff auf die ‚Holocaust-Industrie' muss gerade im so belasteten deutsch-jüdischen Verhältnis besonders ‚politisch unkorrekt' wirken, als bislang fast jeder Ansatz von Kritik an Bürgern jüdischen Glaubens oder an jüdischen

---

317 Vgl. Jacob Heilbrunn: Norman Finkelsteins Buch „The Holocaust Industry" macht in Deutschland Furore, in: Der Tagesspiegel vom 21.8.2000.
318 Vgl. Reinhard Rürup: Ideologisierter Holocaust? Was Norman Finkelsteins Vorwurf für die deutschen Gedenkstätten bedeutet, in: Die Zeit 34/2000 vom 17.8.2000.
319 Vgl. Peter Longerich: Ein Mann sieht rot. Norman Finkelstein und seine „Holocaust-Industrie", in: Frankfurter Rundschau vom 22.8.2000.
320 Vgl. ebd.
321 Salomon Korn: Tabubruch mit Zuschauer. Norman Finkelstein und sein Publikum, in: Frankfurter Allgemeine Zeitung vom 22.8.2000.
322 Vgl. ebd.

Organisationen in der Bundesrepublik schnell als ‚antisemitisch' von der Öffentlichkeit wahrgenommen wurde."[323]

In der *Berliner Zeitung* vom 26. August 2000 argumentierte Jens Bisky, als Provokation des Buches, das er eine „Schmähschrift" nannte, bleibe die Frage, „inwiefern auch moralische Macht korrumpiert."[324] Als „unbegreifliches Ereignis" diene der Holocaust „der moralischen Erbauung" und könne für politische Interessen genutzt werden.

Nachdem Salomon Korn in seinem oben genannten Artikel in der FAZ erwähnt hatte, dass die CC eine „Response to Finkelstein's Allegations in ‚The Holocaust Industry'" herausgegeben habe, in der sie Finkelsteins Anschuldigungen widerlegte[325], behauptete Lorenz Jäger in der FAZ, dass diese „nicht öffentlich zugänglich" gewesen sei.[326] Jäger erwähnte auch andere Kritiker Finkelsteins – „gewiß" werde dieser „auf diese Kritik seiner Kritik antworten müssen."[327] Zugleich könne man „in diesen Tagen häufiger hören", so Jäger, dass Finkelstein „einige wunde Punkte" getroffen habe, wie auch der Historiker Raul Hilberg in einem Gespräch geäußert habe.[328]

Der Spiegel veröffentlichte zwei Tage später einen Artikel des niederländischen Schriftstellers Leon de Winter, ebenfalls Sohn von Shoah-Überlebenden, in dem dieser ausführlich Finkelsteins familiären Hintergrund und vor allem das Verhältnis zu dessen Mutter thematisierte.[329] Finkelsteins Buch sei „von Frustrationen und Neurosen" eingegeben. De Winter schloss seinen Text mit der Bemerkung, dass Finkelstein sich mit seiner Publikation „nicht etwa der Aufmerksamkeit eines guten Therapeuten versichert", sondern „das Interesse der Weltpresse" gefunden habe, sei „schon eine reife Leistung."[330]

In einem kurzen Interview in der *Allgemeinen Jüdischen Wochenzeitung* äußerte Salomon Korn seine Vermutung, der Piper-Verlag spekuliere mit seiner

---

323 Bernd Kallina: Du sollst vergleichen!, in: Rheinischer Merkur vom 25. August 2000.
324 Vgl. Jens Bisky: Staatsfrommes Gedenken. Norman G. Finkelsteins linke Abrechnung mit der „Holocaust-Industrie", in: Berliner Zeitung vom 26./27.8.2000.
325 Vgl. CC: Claims Conference Response to Finkelstein's Allegations in The Holocaust Industry, July 10, 2000.
326 Vgl. Lorenz Jäger: Die Antwort. Norman G. Finkelstein und die Jewish Claims Conference, in: Frankfurter Allgemeine Zeitung vom 26.8.2000.
327 Vgl. ebd.
328 Vgl. ebd.
329 Vgl. Leon de Winter: Der Groll des Sohnes, in: Der Spiegel 35/2000 vom 28.8.2000, S. 198–200.
330 Vgl. ebd.

Publikation von Finkelsteins Buch darauf, dass „man endlich mal die Juden nicht nur in der Opferrolle, sondern auch in der Täterrolle sehen möchte – vor allem hier in Deutschland."[331] Außerdem führt er aus: „Wenn es nur um wirkliche Aufklärung in der Sache ginge, dann hätte der Piper-Verlag ein solches Buch eigentlich nicht veröffentlichen dürfen. Hier geht Kasse vor Klasse."[332]

Unter der Überschrift „Finkelstein II" berichtete wiederum Lorenz Jäger in der FAZ am 31. August 2000 über einen „Artikel, der mit großem Ernst das Thema aufnimmt, das seit der Publikation von Norman G. Finkelsteins Buch [...] debattiert wird."[333] „In den nächsten Tagen" werde in der der US-amerikanischen Zeitschrift *Commentary*, die vom American Jewish Committee herausgegeben wird, ein Aufsatz von deren Senior Editor Gabriel Schoenfeld mit dem Titel „Holocaust-Entschädigungen – Der wachsende Skandal" veröffentlicht.[334] Was in den letzten Tagen „gegen Finkelstein vorgebracht" worden sei, greife bei Schoenfeld nicht: „Er ist kein universitärer Außenseiter, kein Antizionist, kein Dissident der Linken. Und doch kommt er, in einer Zeitschrift mit langer Tradition in der Verteidigung Israels, zu ähnlichen Thesen wie der New Yorker Politologe."[335]

Davon kann keine Rede sein. Schoenfeld ging es in seinem Artikel um Fragen der Taktik und der Strategie. Er kritisierte, dass das seiner Meinung nach unsensible Vorgehen US-amerikanisch-jüdischer Organisationen bei den Entschädigungskampagnen gegen Israel gegenüber freundlich gestimmten Staaten diese verärgern könnte. Dies könne, da es Israels Sicherheit gefährde, auf lange Sicht eher einen größeren Schaden bewirken, als es der kurzfristige finanzielle „Vorteil"

---

331 Vgl. Salomon Korn: „Wasser auf die Mühlen der Antisemiten" (Interview), in: Allgemeine Jüdische Wochenzeitung Nr. 18/2000 vom 31.8.2000.
332 Ebd.
333 Vgl. Lorenz Jäger: Finkelstein II – Auch „Commentary" kritisiert die Entschädigungspolitik, in: Frankfurter Allgemeine Zeitung vom 31.8.2000.
334 Vgl. Gabriel Schoenfeld: Holocaust Reparations – A Growing Scandal, in: Commentary, Bd. 110, H. 2 (2000), S. 25–34. Schoenfelds Aufsatz wurde in einer Kurzfassung in der SZ veröffentlicht (vgl. Gabriel Schoenfeld: Zeit der Besinnung. Der Skandal um die Holocaust-Entschädigungen wird immer größer, in: Süddeutsche Zeitung vom 13.9.2000), wozu Arne Behrensen bemerkte: „Die Übersetzung eines Commentary-Artikels dürfte ein Novum sein in der deutschen Presse." Vgl. Behrensen, Debatte, 2001, S. 31. Offenbar weder in der deutschen Presse übersetzt noch thematisiert wurden die zahlreichen kritischen Reaktionen auf Schoenfelds Text und dessen Antwort auf diese, die ebenfalls im *Commentary* erschienen. Vgl. Controversy – Holocaust Reparations – Gabriel Schoenfeld & Critics, in: Commentary, Bd. 111, H. 1 (2001), S. 10–21. So bleibt die Debatte hier nicht nachvollziehbar.
335 Jäger, Finkelstein II, 2000.

wert sei. Schoenfeld fragte, ob es wahr sei, dass Gelder anstatt für Shoah-Überlebende für Museen verwendet würden und verwies auf „Extremisten", die aus Fehlverhalten ihren Nutzen ziehen könnten.

> „Ein Freibrief für die Schuldner ist diese Argumentation zweifellos nicht, im Gegenteil: Aus ihr spricht Sorge und Misstrauen, die diesen konservativen Juden zur Zurückhaltung in Entschädigungsfragen veranlassen, weil er sie als mögliche Belastung für die Existenzsicherung Israels ansieht."[336]

Jäger zog hingegen den Schluss, dass man aus Schoenfelds Beitrag erkennen könne, dass „die von Finkelstein angestoßene Debatte nicht nach dem schlichten Muster ‚Hier Deutsche, da Juden'" funktioniere.[337] Er führte aber weiter aus:

> „Salomon Korn allerdings fordert in der heutigen Ausgabe der ‚Allgemeinen Jüdischen Wochenzeitung' den Piper-Verlag auf, ‚The Holocaust Industry' nicht zu veröffentlichen. Damit wiederholt sich eine Szene, die schon gegenüber Finkelsteins Kritik an Goldhagens Studie über die „Willigen Helfer" [sic] zu beobachten war. Als das Buch bei Holt erscheinen sollte – der Verlag wurde damals von Michael Naumann geleitet, dem heutigen Staatsminister für Kultur –, geriet das Unternehmen unter so massiven Druck, daß Naumann später bekannte, niemals zuvor ähnliches erlebt zu haben."[338]

Im Folgenden kam es zu einer „Nebendebatte" über die Frage der Veröffentlichung einer deutschen Ausgabe von Finkelsteins Monographie und zu angeblichen Zensurversuchen. In der taz vom 31. August 2000 behauptete auch Lukas Wallraff, Salomon Korn wolle „nicht, dass das umstrittene Buch des amerikanischen Politologen in deutscher Sprache veröffentlicht" werde.[339] Der Piper-Verlag habe aber entgegnet, dass er um den „Beifall von der falschen Seite" wisse, habe aber gefragt, ob er sich „davon vorschreiben lassen" solle, welche Bücher er „für die politische Diskussion in Deutschland für *notwendig*" halte [Herv. M.S.].[340] Entgegen ihrer vormals geäußerten Kritik an Finkelstein, erklärte Brigitte Werneburg hierzu:

> „Was die deutsche Gesellschaft braucht, ist mehr der politische Streit und der offene Schlagabtausch als die voreilige politische Befriedung durch diejenigen, die es besser zu wissen glauben. Diese paternalistische Geste ist obsolet."[341]

---

336 Surmann, Kronzeuge, 2001, S. 122.
337 Vgl. Jäger, Finkelstein II, 2000.
338 Ebd.
339 Lukas Wallraff: Finkelstein auf dem Index?, in: die tageszeitung vom 31.8.2000.
340 Zit. n. ebd.
341 Brigitte Werneburg: Du sollst Bücher nicht indizieren, in: die tageszeitung vom 2.9.2000.

„Nicht Bücher indizieren", sondern „die Fragen diskutieren" sei „demokratisch, liberal und zivilisiert."[342] Doch auch Paul Spiegel kritisierte die Entscheidung des Piper-Verlags, Finkelstein zu drucken. Laut SZ sagte er:

> „Selbstverständlich fände ich es besser, wenn das Buch in Deutschland nicht erscheint, aber ich trete nicht für ein Verbot ein, weil Bücherverbrennungen und Bücherverbote einen bitteren Beigeschmack haben."[343]

Er denke aber, dass es „moralische Grenzen" gebe, die ein Verlag überschreite, wenn er ein Buch herausgebe, „das Rechtsradikalen, Antisemiten und Neonazis Argumentationshilfen" liefere.[344] Der Piper-Verleger Viktor Niemann war dagegen der Ansicht, dass Finkelstein „debattierwürdige Thesen" vertrete, daher sehe er „keinen Grund" sich „irgendeinem Druck zu beugen."[345] Niemann räumte „Schwächen bei der Korrektheit einiger seiner [Finkelsteins; M.S.] Belege" ein, die aber in der deutschen Ausgabe korrigiert würden.[346] Finkelsteins Thesen seien teilweise auch „überspitzt" – aber, so Niemann, „wie will man sonst eine Debatte in Gang setzen?"[347] Die heftigen Reaktionen zeigten, dass Finkelstein einen „wunden Punkt" getroffen habe. Er werde sich daher nicht „irgendeinem Druck" beugen. Die Öffentlichkeit habe „ein Recht auf kontroverse Bücher".[348] In einem Beitrag für *Die Welt* schrieb er: „‚Political Correctness' soll eine Schere im Kopf bewirken" – dabei könne eine „ernst zu nehmende Diskussion" erst „jenseits von ihr" beginnen.[349] In einem Interview mit der Branchenzeitschrift *Buchmarkt* sagte Niemann: „Ich stehe auf dem Standpunkt, dass wir eine Pflicht zur Veröffentlichung auch solcher Bücher haben, die unbequem sind und quer zur ‚Political Correctness' liegen."[350]

Der niedersächsische SPD-Bundestagsabgeordnete Reinhold Robbe, der in einer Pressemitteilung den Piper-Verlag öffentlich aufgefordert hatte, die Übersetzung

---

342 Vgl. ebd.
343 Paul Spiegel zit. n. dpa: Bitterer Beigeschmack. Vorbehalte gegen Finkelstein-Buch, in: Süddeutsche Zeitung vom 29.9.2000.
344 Vgl. ebd.
345 Viktor Niemann: „Heftige Reaktionen" (Interview), in: der Spiegel 37/2000 vom 11.9.2000, S. 227.
346 Vgl. ebd.
347 Ebd.
348 Vgl. ebd.
349 Vgl. Viktor Niemann: Darf man Finkelstein verlegen, Herr Niemann? Verleger-Frage, in: Die Welt vom 23.9.2000.
350 Viktor Niemann: Der Fall Finkelstein, in: Buchmarkt November 2000, S. 88–89, S. 89. Die Bildunterschrift unter der nebenstehenden Fotografie Niemanns lautete dazu passend: „Faible für politisch unkorrekte Bücher: Viktor Niemann"; vgl. ebd.

von Finkelsteins Buch nicht zu veröffentlichen,[351] wurde in seinem ostfriesischen Wahlkreis für seine Aufforderung scharf angegriffen. Robbe, offenbar der erste und einzige Bundespolitiker der öffentlich zur Finkelstein-Debatte Stellung nahm, hatte in seiner Pressemitteilung auf die damals aktuelle Welle rechter Gewalttaten hingewiesen, vor deren Hintergrund die Veröffentlichung „in höchstem Maße schädlich und unverantwortlich" sei: „Die Neo-Nazis würden sich die Hände reiben."[352] Er war der Auffassung, dass „für die notwendige öffentliche Diskussion über das Finkelstein-Buch", die „niemand ernsthaft verhindern und unterdrücken" wolle, „die amerikanische Original-Ausgabe vollkommen" ausreiche.[353] In der *Ostfriesen-Zeitung* (OZ) kommentierte der Chefredakteur Bernhard Fokken daraufhin, Robbe sei „von allen guten Geistern verlassen".[354] Es sei gut, dass dieser „nicht die Macht eines Zensors" habe, und „hilflos, wenn er dem Volk die gedankliche Auseinandersetzung mit strittigen Thesen vorenthalten" wolle.[355] Die Leeraner CDU-Kreisvorsitzende Gitta Connemann bezeichnete Robbes Aufforderung als „ziemlich schamlosen Angriff auf die grundgesetzlich garantierte Informationsfreiheit."[356] In einem Leserbrief in der *Ostfriesen-Zeitung* hieß es dazu:

> „Wenn Kritik an Israel und an Juden nicht zugelassen wird, weil es sich um Israel und die Juden handelt, ist das dann nicht eine Form von positiver Diskriminierung? Wäre es nicht an der Zeit, endlich die Menschen in den Mittelpunkt der Betrachtung zu stellen und ihr Reden und Tun zu bewerten, statt immer noch die Religion und Staatsangehörigkeit in den Vordergrund zu schieben?"[357]

---

351 Vgl. Reinhold Robbe: „Neo-Nazis würden sich die Hände reiben". Robbe fordert vom Piper-Verlag Verzicht auf Finkelstein-Buch, Pressemitteilung vom 3.9.2000.
352 Vgl. ebd. Im Jahr 2000 kam es zu einer Welle rechter Gewalttaten in der Bundesrepublik, die für öffentliches Aufsehen sorgte: Vom Mord an Alberto Adriano in Dessau an Pfingsten des Jahres, über weitere Überfälle auf Migrantinnen und Migranten bis hin zu einer Vielzahl von Anschlägen gegen jüdische Einrichtungen wie Synagogen in Düsseldorf und Berlin-Kreuzberg, gegen jüdische Friedhöfe, gegen die KZ-Gedenkstätte Buchenwald und gegen Unterkünfte von Migrantinnen und Migranten. Daraufhin entwickelte sich eine Debatte um adäquate Maßnahmen gegen Rechtsextremismus und um ein Verbot der Nationaldemokratischen Partei Deutschlands (NPD), in deren Folge ein Verbotsantrag gestellt wurde.
353 Vgl. Robbe, Neo-Nazis, 2000.
354 Vgl. Bernhard Fokken: Hilflos (OZ-Kommentar), in: Ostfriesen-Zeitung vom 5.9.2000.
355 Vgl. ebd.
356 Vgl. o.A.: CDU zu Robbe: Schamloser Angriff, in: Ostfriesen-Zeitung vom 7.9.2000.
357 Alex Siemer: Endlich den Menschen in den Mittelpunkt stellen (Leserbrief), in: Ostfriesen-Zeitung vom 9.9.2000.

Auch in den überregionalen Medien war die Kontroverse weitergegangen. Volker Ullrich bezeichnete die Ankündigung des Piper-Verlags, Finkelstein zu veröffentlichen, als „widerwärtig".[358] Außerdem kritisierte er eine Gleichsetzung Finkelsteins und Goldhagens:

> „In der Debatte um das Buch des Amerikaners Norman Finkelstein *The Holocaust Industry* ist immer wieder an die Kontroverse um Daniel Goldhagens Werk *Hitlers Willige Vollstrecker* vor vier Jahren erinnert worden. Doch der Vergleich ist abwegig. Über Goldhagens Provokation lohnte es sich zu streiten, weil die Frage nach Rolle und Motivation der ‚gewöhnlichen Deutschen' beim Judenmord zuvor kaum diskutiert worden war. Über Finkelsteins Provokation lohnt der Streit nicht. Denn sie bedient lediglich dumpfe Ressentiments."[359]

In mehreren Artikeln waren Goldhagen und Finkelstein in Bezug auf die ihnen zukommende mediale Aufmerksamkeit und den „Event-Charakter" der Debatte verglichen worden.[360] *Die Welt* nannte beide beispielsweise „die großen Vereinfacher".[361]
In der SZ vom 2. September 2000 unternahm Petra Steinberger den Versuch, ein vorläufiges Fazit der Finkelstein-Debatte zu unternehmen.[362] Es sei legitim, Finkelsteins Thesen „in ihren möglichen Perspektiven" trotz „hässlicher Begleitmusik" in Form von Zustimmung dezidierter Rechtsextremer „seriös" zu diskutieren.[363] Denn, so erläuterte sie:

> „Der Auslöser für eine ernste Debatte muss nicht unbedingt seriös sein. Im Gegenteil: Oft sind es polemische, überspitzte, teilweise sogar falsche Behauptungen und Thesen, die zu vernünftigen Antworten herausfordern."[364]

Im *Deutschlandradio* wurde ebenfalls eine wohlwollende Besprechung von „The Holocaust Industry" gesendet. „Pamphlete", so die Redakteurin Karin Beindorff, seien „nun einmal nicht ausgewogen, weswegen sie im Kern doch Wahres enthalten."[365] Der US-amerikanische Historiker Raul Hilberg unterstützte Finkelstein indes in

---

358 Vgl. Volker Ullrich: Widerwärtig. Norman Finkelstein und das Gespenst einer jüdischen Verschwörung, in: Die Zeit Nr.36/2000 vom 31.8.2000.
359 Ebd.
360 Vgl. bspw.: Claus Leggewie: On Tour. Histotainment und Debatte, in: Frankfurter Rundschau vom 10.2.2001.
361 Vgl. Eckhard Fuhr: Lärmendes Spektakel, in: Die Welt vom 12.2.2001.
362 Vgl. Petra Steinberger: Verstörungstheorie. Finkelstein des Anstoßes: Was bringt die Debatte?, in: Süddeutsche Zeitung vom 2.9.2000.
363 Vgl. ebd.
364 Ebd.
365 Vgl. Karin Beindorff: Norman G. Finkelstein, The Holocaust Industry. Reflections on the Exploitation of Jewish Suffering (Politische Literatur), Deutschandfunk,

einem Interview mit der *Berliner Zeitung* vom 4. September 2000.[366] In einem späteren Interview mit der FR erklärte er, Finkelstein sei „auf dem richtigen Weg", in der Tat handele es sich „bei der Entschädigungsfrage um Erpressung".[367]

Norman G. Finkelstein selbst meldete sich in der SZ mit einer „Erwiderung an meine Kritiker" zu Wort.[368] Darin ging er auf die in verschiedenen Zeitungen erhobenen Kritiken ein – wobei er keine neuen Argumente brachte –, verwies ebenfalls auf Schoenfelds *Commentary*-Artikel und beschwerte sich darüber, dass „der Bote schuld an der schlechten Nachricht sein" solle: „Um Antisemitismus zu bekämpfen, muss man nicht mein Buch der Zensur unterwerfen, sondern der Holocaust-Industrie das Handwerk legen."[369]

In einigen Medien wurde thematisiert, ob die Finkelstein-Debatte zum Thema des 43. Deutschen Historikertags vom 26. bis 29. September 2000 in Aachen gereiche.[370] Petra Steinberger meinte, „ein wenig" wirke „es ja, als wollten manche der ganzen Sache lieber ausweichen."[371] Sie fragte, ob „eigentlich auch die politische Klasse eine Meinung dazu" habe.[372] Sowohl Steinberger als auch Lorenz Jäger[373] erwähnten einen in der US-amerikanischen Zeitschrift *The Nation* erschienenen Kommentar, in dem der Autor Christopher Hitchens das Schweigen über Finkelsteins Buch in den USA kritisierte.[374] Der Historiker Michael

---

Manuskript vom 4.9.2000, 19.15 Uhr dokumentiert auf http://www.dradio.de/cgi-bin/es/neu-lit-pol761.html vom 15.11.2003.

366 Vgl. Raul Hilberg: Rücksicht auf die Verbündeten (Interview), in: Berliner Zeitung vom 4.9.2000.
367 Vgl. Raul Hilberg: Fakten und Folgerungen (Interview), in: Frankfurter Rundschau vom 22.2.2001.
368 Vgl. Norman G. Finkelstein: Der Bote ist der Schuldige. Verschwörungstheorien oder Tabubruch?, in: Süddeutsche Zeitung vom 9./10.9.2000.
369 Ebd.
370 Vgl. bspw. edo: Historikertag, in: Süddeutsche Zeitung vom 26.9.2000; Tillman Bendikowski: Historikertag – Aufstand der Jungforscher, in: SPIEGEL ONLINE Nr. 38/200 vom 20.9.2000 auf http://www.spiegel.de/wissenschaft/0,1518,94307,00 html vom 10.12.2000.
371 Vgl. Petra Steinberger: Reden oder nicht reden. Hier wird Norman Finkelstein diskutiert, in Amerika nicht – Was deutsche Historiker davon halten, in: Süddeutsche Zeitung vom 14.9.2000.
372 Vgl. ebd.
373 Vgl. Lorenz Jäger: Falsche Leser. Der Schwarze Peter geht um: Finkelstein, für die anderen, in: Frankfurter Allgemeine Zeitung vom 13.9.2000.
374 Vgl. Christopher Hitchens: Dead Souls, in: The Nation Nr. 25 vom 18.9.2000 (nach der Fassung auf http://www.normanfinkelstein.com/id68_m.htm vom 21.9.2000).

Wolffsohn behauptete, dass viele deutsche Historiker das Thema Instrumentalisierung des Holocaust „wie der Teufel das Weihwasser" meiden würden, weil sie „angepasst und politisch korrekt" seien und „um ihre Karriere" fürchteten.[375] Doch, so Wolffsohn, ob „mit oder ohne Historikertag", langfristig könne „auch dieses Thema nicht tabuisiert werden."[376] Nicht die Thematisierer, sondern die Tabuisierer förderten Antisemitismus. Die meisten Historikerinnen und Historiker sprachen sich jedoch gegen eine Befassung mit der Finkelstein-Debatte auf dem Historikertag aus, so dass diese auch keinen Eingang ins offizielle Programm fand.[377]

Die dritte Phase der Finkelstein-Debatte ist um den Termin der Veröffentlichung der deutschen Übersetzung am 7. Februar 2001 anzusetzen. Wiederum wurde eine Vielzahl von Artikeln und auch Interviews mit Finkelstein selbst veröffentlicht.

Der Historiker Michael Brenner sprach sich im *Tagesspiegel* vom 5. Februar 2001 für eine Debatte um den Umgang mit der Shoah aus, wobei er Kritik an jenem als durchaus berechtigt ansah.[378] Doch „Die Holocaust-Industrie" sei stattdessen „eine grandiose pathologische Studie – über ihren Autor."[379] Brenner schloss seinen Artikel mit:

> „Auch deutsche Leser sollten die Möglichkeit haben, sich von Finkelsteins Stil und Methode ein eigenes Bild zu machen. Eine deutsche Übersetzung darf keineswegs von vornherein verdammt werden. Müssen aber etablierte Wissenschaftler und angesehene Journalisten sich auf einen Dialog mit dem Autor eines derartigen Pamphlets einlassen, oder sollte man ihn nicht Seinesgleichen überlassen? [...] Überlassen wir die Entlarvung eines Finkelstein doch den Journalisten von der ‚Jungen Freiheit', den revisionistischen Historikern und republikanischen Politikern. Ihre Sympathiekundgebungen sprechen für sich. Für alle anderen sollte gelten: Finkelstein kommt, und keiner geht hin."[380]

Eine erneute „Nebendebatte" entwickelte sich, als der öffentlich-rechtliche Rundfunksender SWR kurzfristig einen Dokumentarfilm aus dem Programm

---

375 Vgl. dpa: Thema oder Tabu? Deutsche Historiker uneinig über Debatte zur „Holocaust-Industrie", in: Ostsee-Zeitung vom 27.9.2000.
376 Vgl. ebd.
377 Vgl. Edo Reents: Eine Geschichte. Unruhige Tage in Aachen: Der 43. Historikertag, in: Süddeutsche Zeitung vom 2.10.2000.
378 Vgl. Michael Brenner: Warum man mit Finkelstein nicht diskutieren muss, in: Der Tagesspiegel vom 5.2.2001.
379 Vgl. ebd.
380 Ebd.

nahm, der am 5. Februar 2001 ausgestrahlt werden sollte.[381] Dieser von der Journalistin Tina Mendelsohn produzierte Film trug den Titel „‚Holocaust-Industrie' – Ein Buch, ein Skandal" und beinhaltete unter anderem Interviews mit Norman G. Finkelstein, US-amerikanisch-jüdischen Funktionären von Organisationen wie der CC, mit Sammelklagen für Zwangsarbeiterinnen und Zwangsarbeitern befassten Rechtsanwälten, Historikern aus der Bundesrepublik und Shoah-Überlebenden, die sich von der CC und den Anwälten betrogen fühlten.

Lorenz Jäger kritisierte in der FAZ vom 5. Februar 2001 die Absetzung des Films scharf und sprach von Zensur.[382] An Christof Schmid, den Direktor des SWR gerichtet, beklagte Jäger: „Hat er nicht geahnt, daß erst seine Maßnahme das auslösen wird, was er befürchtet: eine Wiederbelebung der häßlichsten Stereotype von ‚jüdischem Einfluß' auf die Medien?"[383]

In einer Stellungnahme sprach sich Schmid am nächsten Tag grundsätzlich für die Ausstrahlung der Dokumentation aus. Diese werde aber in einer überarbeiteten Fassung erfolgen:

> „Der Film ist nur wenige Tage vor der geplanten Ausstrahlung fertiggestellt worden. In seiner mir vorliegenden Fassung bietet er in fünfundvierzig Minuten allerdings mehr Informationen an, als ein durchschnittlich informierter Mensch aufnehmen und dem Thema gemäß verarbeiten kann."[384]

In der jetzigen Form hinterlasse der Film mehr Unklarheit, als zu versachlichen. „Im schlimmsten Fall" könne er „bei manchen antisemitische Überzeugungen sogar unterstützen."[385] Der Dokumentarfilm werde aber in Kürze zusammen mit einer Diskussionsrunde gesendet werden.

Die Produzentin des Films, Tina Mendelsohn, erklärte in einem Interview: „Wir brauchen einen offensiven Umgang mit dem Thema, es muss diskutiert werden können."[386] Sie hoffte, dass ihr Film noch gezeigt werden würde.

---

381 Vgl. Tina Mendelsohn: „Holocaust-Industrie" – Ein Buch, ein Skandal (Dokumentation), SWR, Stuttgart 2001.
382 Lorenz Jäger: „Wir bitten um Rückgabe. Abgesetzt: Ein SWR-Film über die Finkelstein-Debatte", in: Frankfurter Allgemeine Zeitung vom 5.2.2001.
383 Ebd.
384 Christof Schmid: Ich habe diesen Film gewollt, in: Frankfurter Allgemeine Zeitung vom 6.2.2001.
385 Vgl. ebd.
386 Tina Mendelsohn: „Nicht besonders rational" (Interview), in: die tageszeitung vom 5.2.2001.

Auch Volker Ullrich nannte die Entscheidung, den Film abzusetzen, in der *Zeit* einen „Fehler":

> „Mit seiner überängstlichen Reaktion befördert der SWR das, was er verhindern möchte: Er verschafft Finkelstein zusätzliche Publizität und gibt scheinbar jenen Recht, die meinen, hier solle aus Gründen der Political Correctness legitime Kritik an jüdischen Organisationen und Funktionären unterdrückt werden. Dieser fatale Eindruck wird bleiben, auch wenn der Film in einer überarbeiteten Fassung doch noch gesendet wird."[387]

Kerstin Kohlenberg dagegen betonte im *Tagesspiegel*, dass dem Film „etwas Wesentliches" fehlte: „eine kritische Distanz zu Norman Finkelstein und seinen Thesen."[388] Die Interviewausschnitte seien

> „so angeordnet, dass sie wie eine Anklage Finkelsteins gegen die Jewish Claims Conference und den Jüdischen Weltkongress wirken und deren Erwiderungen wie die unglaubwürdige Verteidigung überführter Straftäter. Beweise? Fehlanzeige. Auch Finkelstein wird nicht zu den fehlenden Beweisen gefragt."[389]

Kohlenberg warf Mendelsohn „massive handwerkliche Fehler" vor. „Anstatt sich kritisch mit den Thesen des Buches [von Finkelstein; M.S.] auseinander zu setzen", zeige sie „vor allem die Wut einiger früherer Zwangsarbeiter auf die jüdischen Lobbyvereine."[390]

Fünf Tage später, am 10. Februar 2001, wurde die Dokumentation in einer überarbeiteten Fassung ausgestrahlt. Sie endete mit den Worten: „Dass er [Finkelstein; M.S.] Beifall von der falschen Seite bekommt, die Neonazis ihn schon im Internet zitieren, dafür kann er nichts. Man muss sein Buch diskutieren dürfen – sogar in Deutschland, dem Land der Täter."[391] Im Anschluss diskutierte die Produzentin mit Lorenz Jäger, dem Historiker Julius H. Schoeps, dem Historiker Ernst Piper, Rafael Seligmann, dem Verhandlungsführer der Bundesregierung bei den Zwangsarbeiter-Entschädigungskonsultationen, Otto Graf Lambsdorff, unter der Moderation von Gabriele von Arnim über

---

387 Vgl. Volker Ullrich: Vielstimmig. Warum die Absetzung der TV-Dokumentation über Finkelstein falsch ist, in: Die Zeit 7/2001 vom 8.2.2001.
388 Vgl. Kerstin Kohlenberg: Ein Film ohne Skandal. Warum der SWR einen Film über die „Holocaust Industrie" aus dem Programm nahm, in: Der Tagesspiegel vom 5.2.2001
389 Ebd.
390 Vgl. ebd.
391 Vgl. Manuskript „Holocaust-Industrie" – Ein Buch, ein Skandal (Dokumentation), SWR, Stuttgart 2001.

die Finkelstein-Debatte. Nach der Ausstrahlung fragte Michael Jeismann am 12. Februar 2001 in der FAZ:

„Gibt es ‚eine Wahrheit' über die Entschädigungsgelder an Zwangsarbeiter und Überlebende des Holocaust, die in der Bundesrepublik unterdrückt wird und der Öffentlichkeit aus Gründen politischer Opportunität vorenthalten bleiben soll? So konnte man fragen, als der Film von Tina Mendelsohn [...] aus dem Programm des Südwestrundfunks genommen wurde."[392]

Die erste, nicht ausgestrahlte Fassung der Dokumentation sei eine von „Empathie vor allem für die überlebenden Opfer, die immer noch keine Entschädigung erhalten haben" getragene Reportage gewesen.[393] Ein Film, „der durchaus Emotionen wecken konnte gegen die kalt wirkende, offen zynische Haltung jener, die die Opfer vertreten sollen."[394] Nichtsdestotrotz hätten die nun hinzugefügten Erläuterungen und Distanzierungen von Finkelsteins Positionen dem Film genutzt. Arno Widmann war dagegen in der *Berliner Zeitung* der Meinung, dass diese Distanzierungen störten, „denn von diesen paar Sekunden abgesehen" habe der Zuschauer „das seltene Glück, einmal für voll genommen zu werden."[395] Widmann stellte zudem in Anspielung auf Salomon Korns Kritik am Piper-Verlag folgende Behauptung auf: „Manche werden bezweifeln, dass Finkelsteins Buch schädlicher ist als die Äußerung des Mitglieds des jüdischen Zentralrats [sic], Salomon Korn."[396]

Am 7. Februar 2001 erschien die deutsche Ausgabe von Finkelsteins Buch mit einer Auflage von 50.000 Exemplaren, wobei bereits 45.000 Vorbestellungen vorlagen.[397] „Die Holocaust-Industrie" wurde rasch zu einem Bestseller. Zur Präsentation seines Buches unternahm Norman G. Finkelstein Buchvorstellungen in Berlin, Wien und Zürich. In Berlin, seiner ersten Station, waren 200 Journalistinnen und Journalisten bei der Pressekonferenz des Piper-Verlags zugegen.[398] Der Verlag hatte sich

---

392 Michael Jeismann: In der Feind-Falle. Der überarbeitete Film über die Thesen Finkelsteins im Fernsehen, in: Frankfurter Allgemeine Zeitung vom 12.2.2001.
393 Vgl. ebd.
394 Vgl. ebd.
395 Vgl. Arno Widmann: Einige Sätze stören, in: Berliner Zeitung vom 12.2.2001.
396 Ebd.
397 Vgl. Henryk M. Broder: Auf Tour, in: Der Spiegel 6/2001 vom 5.2.2001. Peter Novicks ebenfalls im Februar 2001 in einer deutschen Übersetzung veröffentlichtes Buch erschien dagegen nur in einer Auflage von 15.000 Exemplaren und mit 8.000 Vorbestellungen.
398 Vgl. Jakob Augstein: Am Tatort der Debatte, in: Süddeutsche Zeitung vom 9.2.2001.

„für seine Finkelstein-Pressekonferenz den richtigen Ort ausgesucht. [...] Piper hatte dazu symbolträchtig ins Gebäude der Bundespressekonferenz geladen: Vor dem Hintergrund des benachbarten Reichstags wird die offizielle Präsentation des Buches wenn nicht zur Staatsaffäre, dann doch zu einem offiziösen Akt bundesdeutscher Geschichtspolitik."[399]

Laut *New York Times* erklärte Finkelstein auf der Pressekonferenz: „Germany is right to reject the use of the Nazi Holocaust as a weapon for political and economic gain."[400] Am selben Abend fand in der Berliner „Urania" eine Podiumsdiskussion mit Finkelstein, Rafael Seligmann, dem Historiker Peter Steinbach und dem Publizisten Sten Nadolny, moderiert vom SZ-Redakteur Johannes Willms statt. Diese wurde live auf dem TV-Sender *Phoenix* übertragen. Mehr als Tausend Zuhörerinnen und Zuhörer kamen, um Finkelstein zu hören; „es fanden nicht alle Platz im großen Vortragssaal, weshalb die Veranstaltung per Video in zwei weitere Säle live übertragen wurde."[401] Finkelstein behauptete auf dieser Veranstaltung, dass „der gute Wille vieler Deutscher" manipuliert und ausgenutzt werde: „Die USA haben kein Recht, sich als moralische Autorität auszugeben. Was die Aufarbeitung der eigenen Vergangenheit angeht, ist Deutschland den USA um Lichtjahre voraus."[402] „Die Idee der Political Correctness" ersticke „jede offene Diskussion" und ermögliche „Menschen ein Verhalten, das eine Schande für die jüdische Gemeinschaft" sei.[403]

Rafael Seligmann erklärte später (in der Diskussionsrunde nach der Ausstrahlung von Tina Mendelsohns Dokumentation), dass er schockiert gewesen sei

---

399 Ulrich Gutmair: Finkelstein bekräftigt seine Kritik an der „Holocaust-Industrie", in: Netzeitung vom 7.2.2001 auf http://www.netzeitung.de/servlets/page?section=784&item=129703 vom 8.2.2001.
400 Norman G. Finkelstein zit. n. Roger Cohen: Book Calling Holocaust a Shakedown Starts a German Storm, in: The New York Times vom 8.2.2001.
401 Barbara von der Lühe: Was ist eine „Holocaust-Industrie"? Norman G. Finkelstein und Peter Novick in Berlin, in: Tribüne – Zeitschrift zum Verständnis des Judentums, 40. Jg., H. 157 (2001), S. 38–42, S. 39.
402 Norman G. Finkelstein zit. n. Thomas Trösch: Die Berliner Finkelstein-Debatte, in: Netzeitung vom 8.2.2001 auf http://www.netzeitung.de/spezial/zeitgeschichte/129829.html vom 30.10.2003. Im Vorwort zur deutschen Taschenbuchausgabe schreibt Finkelstein sogar: „Während die Deutschen sich täglich mit ihren historischen Verbrechen auseinandersetzen, müssen die Amerikaner den Großteil ihrer eigenen überhaupt noch zur Kenntnis nehmen. [...] Was die Fähigkeit zur kritischen Selbstreflexion angeht, befinden wir Amerikaner uns auf dem moralischen Niveau von Himmlers Posener Rede. [sic]" Vgl. Finkelstein, Holocaust-Industrie, 2002, S. II.
403 Vgl. Norman G. Finkelstein zit. n. Trösch, Berliner, 2003.

über die Stimmung im Publikum in der „Urania", das in der Mehrheit applaudierte, sobald Finkelstein seine Verschwörungstheorien artikulierte und buhte, sobald deutsche Schuld und Verantwortung thematisiert wurden.[404] Am Ende der Veranstaltung hielt eine Gruppe zwei Transparente mit der Aufschrift „Deutsche Täter waren keine Opfer" und „Holocaust-Industrie: Siemens, Deutsche Bank, IG Farben" hoch. Einige offenbar dem politischen Spektrum der neonazistischen Freien Kameradschaften zugehörige Personen reagierten mit „Frei, Sozial und National"-Rufen, woraufhin es zum Handgemenge und zu einem Polizeieinsatz kam.

Am 8. Februar 2001 trat Finkelstein zudem im *ZDF-Nachtstudio* und wiederum zusammen mit Peter Steinbach und Rafael Seligmann auf.[405] In der Anmoderation der Sendung zitierte der Moderator Volker Panzer die oben wiedergegebene Schlusspassage aus Michael Brenners *Tagesspiegel*-Artikel, nannte Brenner „hysterisch" und behauptete: „Das klingt ja fast so wie kauft nicht bei Finkelsteins."[406] Peter Steinbach, der Finkelstein einerseits deutlich kritisierte und ihm Pauschalisierungen vorwarf, erklärte hier andererseits: Finkelstein „verschenke sich die Potenziale", die in seinem Buch „ja vorhanden" seien. Er selbst finde gut, „dass durch dieses Buch auf Akteure hingewiesen" werde, „die Erinnerung machen und die Geschichte gewissermaßen als Politikum konstruieren."[407] Außerdem erläuterte Steinbach:

„Ich finde diese Öffnung des Buches im Hinblick auf die Vergleichbarkeit von Völkermorden unheimlich wichtig. [...] Da bin ich Herrn Finkelstein wirklich dankbar, dass er gewissermaßen diese Diskussion öffnet. Und zumindest das Gespür dafür weckt, es gibt eine Alternative zu der These von der Singularität des Völkermords. Das nimmt diesem Völkermord an den Juden keinen Schrecken. [...] Aber singulär – ich denke, mit diesen Büchern müsste das vom Tisch sein."[408]

Reinhard Rürup rezensierte in der *Zeit* sowohl Finkelsteins als auch Novicks Buch und titelte: „Zum Umgang mit dem Holocaust in den Vereinigten Staaten: Über Norman Finkelsteins Pamphlet lohnt der Streit nicht, wohl aber über das wichtige Buch von Peter Novick".[409]

---

404 Vgl. Mendelsohn, Skandal, 2001
405 Vgl. ZDF-Nachtstudio, Folge 103 vom 8.2.2001.
406 Vgl. ebd.
407 Vgl. ebd.
408 Ebd. Mit „diesen Büchern" sind offenbar Finkelsteins und Novicks Bücher gemeint.
409 Vgl. Reinhard Rürup: Umkämpfte Erinnerung, in: Die Zeit 7/2001 vom 8.2.2001.

In der FAZ vom 9. Februar 2001 stellte Franziska Augstein die Behauptung auf, dass nicht die Anrufung antisemitischer oder revisionistischer Ressentiments der Grund für das „Aufsehen", das Finkelstein erregt habe, seien, sondern dieser möge „vielmehr darin liegen, daß die Deutschen sich ihre Rolle als Täter gern vor Augen führen lassen."[410] Augstein führte diese Argumentation noch weiter aus: „Daß so ein Buch hierzulande reüssiert, mag ein Anzeichen dafür sein, daß ein Gefühl der Verantwortung gegenüber der Vergangenheit existiert."[411]

Die SZ publizierte abermals Beiträge von Wissenschaftlerinnen und Wissenschaftlern zum Thema. Der Historiker Hans Mommsen legte seine Position dar, dass das Buch die Ressentiments derer schüre, „die immer schon behauptet hatten, hinter der Zentralität, die das Erinnern an den Holocaust im historisch-politischen Bewusstsein der Deutschen hat, seien ‚jüdische Geschäftsinteressen' versteckt."[412] Laut Ulrich Herbert kritisiere Finkelsteins Buch

„in stark zugespitzter Form, aber auf unzureichender Kenntnisgrundlage die historische Dekontextualisierung des Holocaust und die Tendenz zur Liturgisierung und Verkitschung. [...] Eine intensive Debatte über die zunehmende Ablösung der Beschäftigung mit dem Holocaust vom geschichtlichen Kontext ist offenkundig nötig. Als Basis hierfür ist Finkelsteins Buch aber zu schwach."[413]

Wolfgang Benz nannte „Die Holocaust-Industrie" ein „Pamphlet".[414] Finkelstein stelle „demagogische Thesen" auf, die „höchstens als Fallstudie für einen Psychotherapeuten interessant" seien.[415] Zusätzlich bemerkte er:

„Auf Dauer geht es ohne Ritualisierung nicht, ohne Gedenktage und Denkmale ist die Erinnerung an den Holocaust nicht im öffentlichen Bewusstsein zu halten. Nur steckt dahinter eine Gefahr: Wenn die Riten hohl sind, kann die Ritualisierung im Endeffekt zu einer Entsorgung der Vergangenheit führen."[416]

---

410 Franziska Augstein: Statussymbol Opferstatus. Norman Finkelstein und Peter Novick im Streit über die Bedeutung des Holocaust, in: Frankfurter Allgemeine Zeitung vom 9.2.2001.
411 Ebd.
412 Vgl. Hans Mommsen: Antisemitische Ressentiments, in: Süddeutsche Zeitung vom 10.2.2001.
413 Ulrich Herbert: Nahrung für den Widerwillen. Über den Holocaust wurde zu sehr politisch-moralisch diskutiert, in: Süddeutsche Zeitung vom 10.2.2001.
414 Vgl. Wolfgang Benz: Fallstudie für den Psychotherapeuten, in: Süddeutsche Zeitung vom 10.2.2001.
415 Vgl. ebd.
416 Ebd.

Die Kulturwissenschaftlerin Aleida Assmann war der Ansicht, das Finkelsteins Buch nicht „unsere Probleme" thematisiere: „Seine Schmähschrift geht uns nichts an."[417]

In der FAZ führte Michael Jeismann aus, dass Novick und Finkelstein „in eine globale Gegenwart der Vergangenheit" wiesen.[418] Die Geschichte sei „gegenwärtig keine Hoffnung", sondern drohe, „zu einer Gefahr zu werden", da sie nicht mehr hinreichend zur „Selbstvergewisserung in der Gegenwart" sei.[419] Finkelsteins „Pointe" wirke auch „wie eine Persiflage der schlimmsten Obsessionen uralter Judenfeindschaft."[420]

Im *Tagesspiegel* meinte Peter Steinbach, Finkelstein werde „Ansichten Widerhall verschaffen, die vor Jahren einfach degoutant waren."[421] „Im deutschen Kontext" scheine der Autor „zum Instrument gegen eine Auseinandersetzung mit der Zeitgeschichte zu werden, die Aufklärung, moralische Reflexion und die Verpflichtung zur Entschädigung verband."[422] Finkelstein fehle „jedes Gespür für die Widerstände, die Interessenvertreter der Opfer zu überwinden hatten, um Prinzipien der Wiedergutmachung als Grundlage einer moralischen Verpflichtung durchzusetzen."[423] Steinbach griff den Begriff „Holocaust-Industrie" an. Dieser habe „die Chance zum Unwort des Jahres zu werden."[424]

Der Spiegel veröffentlichte am 12. Februar 2001 die Ergebnisse einer Emnid-Umfrage unter ungefähr 1.000 Befragten, die sich thematisch auf die Finkelstein-Debatte bezog.[425] Danach stimmten insgesamt 65 Prozent der Befragten dem Satz zu „Stellen jüdische Organisationen überzogene Entschädigungsforderungen an Deutschland, um sich zu bereichern?", wobei 15 Prozent mit „ja" und 50 Prozent mit „stimmt zum Teil" antworteten. Unter den 25- bis 29jährigen lag der Anteil der Zustimmenden noch höher: 80 Prozent dieser Altersgruppe stimmen dem Satz zu (14 „ja", 66 „stimmt zum Teil", nur 17 Prozent lehnen ihn ab). Dabei gab es kaum Unterschiede zwischen West- und Ostdeutschland. In einem Artikel in derselben *Spiegel*-Ausgabe

---

417 Aleida Assmann: Wir können nichts daraus lernen, in: Süddeutsche Zeitung vom 10.2.2001.
418 Michael Jeismann: Eine Welt. Finkelstein und Novick als Zeugen einer globalen Kultur, in: Frankfurter Allgemeine Zeitung vom 10.2.2001.
419 Vgl. ebd.
420 Vgl. ebd.
421 Peter Steinbach: Vorwärts in die fünfziger Jahre, in: Der Tagesspiegel vom 10.2.2001.
422 Vgl. ebd.
423 Vgl. ebd.
424 Vgl. ebd.
425 Vgl. Emnid-Umfrage für den Spiegel vom 6. und 7. Februar, in: Der Spiegel 7/2001 vom 12.2.2001, S. 224.

zum Thema schrieben Henryk M. Broder und Klaus Wiegrefe: „Finkelstein wird wichtig genommen und hofiert. Denn was er sagt, entspricht dem, was viele – ohne wirkliche Kenntnis der Tatsachen – denken."[426] „Diesmal" ständen „die Juden am Pranger – und die Deutschen fragen sich, ob sie ihnen vergeben können."[427]

Finkelstein habe „allerlei Schmähungen erfahren", behauptete indes Sten Nadolny in einem Artikel in der FAZ.[428] Es handele sich um „panische Abwehr einer Meinung und Anklage, die sich von der weltweit maßgebenden Auffassung" abhebe.[429] Finkelsteins „Schuß" sei „zwar legitim", gehe aber „über das Ziel hinaus."[430] Finkelstein sage, so Nadolny,

> „die Einzigartigkeit des Holocaust sei deshalb Dogma geworden, weil einzigartige Schuld einzigartige Forderungen begründen helfe. Was auch heißen dürfte: ewige Unverzeihlichkeit, ewige Verweigerung jeden Verständnisses für die Generation der Täter, wohlgepflegtes Mißtrauen gegen ihr Land."[431]

Dieser Artikel kann als ein zeitlicher Schlusspunkt der Finkelstein-Debatte identifiziert werden. Die mediale Aufmerksamkeit flaute nun ab. „Die deutschen Medien" hatten „die Debatte zum Ereignis" gemacht, wie Wolfgang Benz schreibt.[432] Nur in geringem Maße fand dabei eine Auseinandersetzung mit den Fakten, mit dem Wahrheitsgehalt der Thesen Finkelsteins statt.

Exkurs: Peter Novick in der deutschen Finkelstein-Debatte

Gleichzeitig mit „Die Holocaust-Industrie" erschien auch Peter Novicks „Nach dem Holocaust" in der Bundesrepublik. Und auch Novick war zur gleichen Zeit wie Finkelstein in Berlin, um dort unabhängig von diesem sein Buch vorzustellen – wenn auch mit weit geringerer medialer Resonanz als Finkelstein sie bekam.[433]

---

426 Henryk M. Broder und Klaus Wiegrefe: Deutschland im Holo-Wahn, in: Der Spiegel 7/2001 vom 12.2.2001, S. 222–224, S. 224.
427 Vgl. ebd.
428 Vgl. Sten Nadolny: Abstand vom Holocaust. Finkelsteins Mut und seine Fehler, in: in: Frankfurter Allgemeine Zeitung vom 15.2.2001.
429 Vgl. ebd.
430 Vgl. ebd.
431 Ebd.
432 Vgl. Benz, Antisemitismus, 2004, S. 142.
433 Vgl. Ingo Bach: Das Symbol des absoluten Bösen. Peter Novick: Wie der Holocaust zur amerikanischen Erinnerung gemacht wurde, in: Der Tagesspiegel vom 9.2.2001.

Die beiden Bücher sind, wie bereits in Kapitel I gezeigt, sowohl thematisch, wie auch entstehungs- und rezeptionsbezogen miteinander verknüpft. Novicks Buch gab den entscheidenden Impuls für Finkelsteins Monographie, indem dieser es für die LRB rezensierte, und nur durch die enorme Aufmerksamkeit für „Die Holocaust-Industrie" fand sich in der Bundesrepublik schließlich ein Verleger von Novicks Monografie.[434] Der Soziologe Y. Michal Bodemann weist auf diese höchst unterschiedliche Rezeption mit den Worten hin:

> „Manchmal ist das Schweigen über ein Buch so bezeichnend wie das heftige Theater um ein anderes. Während Norman Finkelsteins Buch ‚The Holocaust Industry' in Deutschland hohe Wellen schlug, weil es den Schulddiskurs betrifft und jüdische Verschwörungsphantasien bedient, wurde Peter Novicks Buch ‚Nach dem Holocaust' über die Entwicklung des Holocaust-Gedenkens in den USA in Deutschland mit Glacéhandschuhen angefasst."[435]

Doch von einem „Verschweigen" Novicks kann keine Rede sein. Peter Novick hatte bereits am 8. Januar 2000, also vor Finkelstein, die Thesen seines Buches, das in den USA bereits erschienen war, in einem Artikel für die SZ veröffentlicht.[436] In der Finkelstein-Debatte wurde Novick mitunter quasi als wissenschaftlicher Leumund der finkelsteinschen Thesen angeführt, so schrieb beispielsweise Uwe Schmitt in der *Welt* über „Peter Novich [sic], dessen Buch ‚The Holocaust in American Life' nach zehnjähriger Forschung Finkelsteins Thesen ungleich fundierter und sachlicher" stütze.[437] Dabei distanzierte sich Novick persönlich scharf von Finkelstein. So argumentierte er etwa, es sei „schwer zu erkennen, was genau an Finkelsteins Buch ‚strittig' sein" solle.[438] Die „richtige Reaktion", so Novick, wäre „die genaue Prüfung der Fußnoten".[439] Diese würde ergeben, „dass viele Behauptungen Finkelsteins pure Erfindung" seien: „Keine von Finkelstein behauptete Tatsache ist unbesehen als Tatsache, kein Zitat unbesehen als korrekt

---

434 Vgl. Vorbemerkung zu Peter Novick: „Finkelstein hat meine Arbeit ausgebeutet" (Interview), in: Die Welt vom 8.2.2001.
435 Y. Michal Bodemann: Gedenk-Kultur als säkulare Religion. *Zur Debatte um Peter Novicks Buch ‚Nach dem Holocaust'*, in: ders.: In den Wogen der Erinnerung. Jüdische Existenz in Deutschland, München 2002, S. 110–121, S. 110.
436 Vgl. Peter Novick: Das absolute Böse und die geringeren Übel, in: Süddeutsche Zeitung vom 8.1.2000.
437 Vgl. Uwe Schmitt: Ein Provokateur, um den es einsam wird: Norman Finkelstein, in: Die Welt vom 25.8.2000.
438 Vgl. Peter Novick: Offene Fenster und Türen. Über Norman Finkelsteins Kreuzzug, in: Süddeutsche Zeitung vom 6.2.2001.
439 Vgl. ebd.

anzunehmen."[440] Zur Rezeption Finkelsteins in der Bundesrepublik äußerte er: „Ich hätte nie geglaubt, dass es in Deutschland (außer in der verächtlichen Randzone) Menschen gibt, die diesen Neuaufguss der ‚Protokolle der Weisen von Zion' ernst nehmen. Ich habe mich geirrt."[441] Implizit distanzierte sich Novick ebenfalls von Finkelsteins Ansatz in seinem Vorwort an die deutschen Leser, das der deutschen Übersetzung seines Buches vorangestellt ist: Er habe „den negativen Begriff ‚Instrumentalisierung' zur Bezeichnung der Bezugnahme auf den Holocaust für irgendeinen Zweck nie verstanden."[442] Seine Ansicht sei vielmehr: „Auf kollektive Erinnerungen nimmt man immer für gegenwärtige moralische oder politische Zwecke Bezug – im Dienste einer Version der Zukunft."[443]

Andere deutsche Autorinnen und Autoren distanzierten sich von Finkelstein und bezogen sich stattdessen demonstrativ auf Novick, der entgegen Finkelstein ein wissenschaftliches Buch geschrieben habe, „das bessere Buch".[444] Der Historiker Tobias Brinkmann meint dazu:

> „Die kritische amerikanische Rezeption von Novicks Studie wurde in Deutschland indes kaum wahrgenommen. Viele deutsche Kommentatoren erkannten nicht, daß auch Novick ein durchaus polemisches Buch geschrieben hatte, das sich in erster Linie an ein amerikanisches Publikum richtete. Deutsche Leser konnten somit den Eindruck gewinnen, daß sich das amerikanisch-jüdische Selbstverständnis fast ausschließlich über den Holocaust definiere."[445]

Der Historiker Detlev Junker schrieb während der zweiten Welle der Finkelstein-Debatte etwa in der FAZ, der Holocaust sei „zum Zentrum der Identität der amerikanischen Juden geworden."[446] Brinkmann nennt das eine „überaus pauschale Aussage".[447] Denn selbst Peter Novick verwies in einer scharfen Distanzierung von Finkelstein darauf, dass

> „die sogenannte amerikanische jüdische Elite beileibe kein einheitliches Gebilde darstellt, ganz besonders wenn es um das Gedenken des Holocaut geht. [...] Wer wüsste schon, verließe er sich auf Finkelsteins Bericht, dass viele der prominentesten

---

440 Ebd.
441 Ebd.
442 Vgl. Novick, Umgang, 2001, S. 9.
443 Ebd.
444 Vgl. Augstein, Tatort, 2001.
445 Brinkmann, Amerika, 2003, S. 260.
446 Vgl. Detlev Junker: Die Amerikanisierung des Holocaust. Über die Möglichkeit, das Böse zu externalisieren und die eigene Mission fortwährend zu erneuern, in: Frankfurter Allgemeine Zeitung vom 9.9.2000.
447 Vgl. Brinkmann, Amerika, 2003, S. 260.

Mitglieder seiner ‚Elite' laut und deutlich alle Versuche kritisieren, den Holocaust zu ‚sakralisieren', dass sie den Kult um die ‚Einzigartigkeit' des Holocaust ablehnen, dass sie während der Nahostkrise forderten, die Berufung auf den Holocaust zu unterlassen? Dass vor allem seit geraumer Zeit unter den amerikanischen Juden eine lebhafte Diskussion über viele der Themen geführt wird, die er anschneidet?"[448]

Die Shoah habe durchaus eine „wichtige Rolle", wie Brinkmann schreibt, aber es gebe auch ganz andere jüdisch-US-amerikanische Identifikationsmuster, es existierten „vielfältige andere Identifikationsangebote, die durch eine Fixierung auf die amerikanische Debatte über die Erinnerung an den Holocaust in Deutschland kaum wahrgenommen werden."[449] Der „spezifisch amerikanische Kontext, dem beide Bücher entspringen" sei „in der deutschen Auseinandersetzung ‚vielfach ausgeblendet'" worden.[450] Auch Michael Brenner wies darauf hin:

„Was für den deutschen Leser nicht von vornherein klar ist: Verständlich wird Novicks Kritik [an der Bedeutungszunahme des Holocaust für die US-amerikanischen Jüdinnen und Juden; M.S.] erst durch sein wiederholtes Bedauern über die zunehmende Ethnisierung der amerikanischen Gesellschaft. Als Anhänger des Konzepts vom Schmelztiegel, in dem er groß wurde, macht er keinen Hehl aus seiner Ablehnung der gesellschaftlichen Veränderungen einer auf Parallelgesellschaften aufgebauten amerikanischen Öffentlichkeit."[451]

Novick habe sich mit seinem 1999 in den USA veröffentlichten Buch „als amerikanischer Jude an eine amerikanische und insbesondere an eine amerikanisch-jüdische Öffentlichkeit" gewandt – „dieser Entstehungszusammenhang", so Brinkmann, „trat in vielen Besprechungen und Essays in Deutschland in den Hintergrund."[452]

---

448 Vgl. Peter Novick: Hasstiraden eines Besessenen. Der amerikanische Historiker Peter Novick über Norman Finkelsteins Pamphlet „The Holocaust Industry", in: Die Welt vom 4.9.2000.
449 Vgl. Brinkmann, Amerika, 2003, S. 261.
450 Vgl. Brinkmann, Amerika, 2003, S. 251.
451 Brenner, Finkelstein, 2001.
452 Brinkmann, Amerika, 2003, S. 251. Brinkmann weist darauf hin, dass Novicks Buch im Originaltitel den US-amerikanischen Bezug erkennen lässt (The Holocaust in American Life), während der deutsche Titel diesen völlig auslässt (Nach dem Holocaust. Der Umgang mit dem Massenmord). Die französische Ausgabe (L'Holocauste dans la vie américaine, Paris 2001) und die britische (The Holocaust and Collective Memory: the American Experience, London, 2000) verweisen im Titel ebenfalls auf den US-amerikanischen Kontext. Brinkmann hierzu: „Aus welchen Gründen Verlag und Autor angesichts des eindeutig auf die USA eingegrenzten Untersuchungsrahmens einen allgemeinen und für viele Leser [in der Bundesrepublik; M.S.] zumindest

II.2 Analyse der Finkelstein-Debatte in der Bundesrepublik Deutschland

In der deutschen Finkelstein-Kontroverse sind verschiedene Ideologeme auszumachen, die mit Fragen nach der Aufarbeitung der deutschen Vergangenheit, dem Stellenwert dieser für das heutige Deutschland – der so genannten Berliner Republik – und mit dem Verhältnis der nichtjüdischen Bevölkerungsmehrheit in der Bundesrepublik zu Jüdinnen und Juden im In- und Ausland zusammenhängen. Es geht dabei im übergeordneten Sinne um die Frage, ob die mehrheitlich (aber nicht ausschließlich) in den Feuilletons bundesdeutscher Zeitungen und Zeitschriften geführte Finkelstein-Debatte von Motiven der Erinnerungsabwehr, Schuldverleugnung und Ressentiments gegenüber den Shoah-Überlebenden und deren Nachkommen gekennzeichnet war, oder von einem kritischen und aufklärerischen Umgang mit der deutschen Vergangenheit. Dies soll nachstehend systematisch untersucht werden, wobei die einzelnen Ideologeme durchaus ineinander greifen und verschiedentlich miteinander verknüpft sind. Dennoch soll hier versucht werden, ihr Auftreten in der Finkelstein-Debatte zu differenzieren.

II.2.1 Sekundärer Antisemitismus

Der sekundäre Antisemitismus ist der Antisemitismus nach Auschwitz und gleichzeitig der „Antisemitismus nicht *trotz*, sondern wegen Auschwitz."[453] Denn nach der Shoah starb der Antisemitismus keineswegs aus. Der Begriff „sekundärer Antisemitismus" selbst wird erstmalig von dem Mitarbeiter des Frankfurter Instituts für Sozialforschung Peter Schönbach in seiner Studie zur antisemitischen Schmierwelle in der Bundesrepublik im Winter 1959/1960 verwendet. Dort heißt es:

„Es ist denkbar, daß wir es heute in vielen Fällen mit einer Art *Sekundärantisemitismus* zu tun haben, einer Trotzreaktion, die die traditionellen antisemitischen

---

missverständlichen Titel gewählt haben, bleibt offen." (Brinkmann, Amerika, 2003, S. 260). Angemerkt sei, dass sich dieser „Transfer" bei der deutschen Übersetzung im Klappentext, dem jeglicher Bezug zu den USA fehlt, sowie im Titelbild des Schutzumschlags fortsetzt: Dort (und nur hier) befindet sich eine Photographie aus dem Inneren des „Holocaust-Turms" des Jüdischen Museums in Berlin.

453 Henryk M. Broder: Der ewige Antisemit. Über Sinn und Funktion eines beständigen Gefühls, Frankfurt am Main 1986, S. 11.

Vorstellungen, seien es die eigenen oder die der Eltern, um ihrer Rechtfertigung willen am Leben erhält. [Herv. M.S.]"[454]

Der Politikwissenschaftler Lars Rensmann nennt den sekundären Antisemitismus auch „Antisemitismus aus Erinnerungsabwehr".[455] Dies ist das zentrale neue Motiv des Antisemitismus nach Auschwitz. Denn „Juden repräsentieren hiernach im gesellschaftlichen Unbewussten nun selbst noch die Erinnerung an die verdrängte Tat"[456], an die Shoah und somit an die (Mit-)Schuld der Deutschen. Jüdinnen und Juden werden dadurch zu „Störenfrieden der Erinnerung"[457] und als „quasi verkörperter *Schuldvorwurf*"[458] von den Nachkommen der Täter und Mitläufer wahrgenommen. Gegen sie richtet sich so das Bedürfnis der Deutschen nach ungebrochener Identifikation mit der deutschen Nation, sie stehen einem Schlussstrich unter der Vergangenheit durch ihre bloße Existenz im Weg. Nach Adorno handelt es sich bei dieser Form der Erinnerungsabwehr zumeist

> „um den Versuch, die eigene überwertige Identifikation mit dem Kollektiv, zu dem man gehört, in Übereinstimmung zu bringen mit dem Wissen vom Frevel: man leugnet oder verkleinert ihn, um nicht der Möglichkeit jener Identifikation verlustig zu gehen."[459]

Der Antisemitismus tritt hier als Rationalisierung von Aggressionen in Form von Schuld- und Erinnerungsabwehr hervor. Die „wohl beliebteste Rationalisierung der Abwehraggression" ist die Behauptung, Juden und Jüdinnen missbrauchten die Erinnerung an die Shoah zu eigenen moralischen, finanziellen oder politischen Zwecken.[460] Durch Finkelsteins Buch „erfuhr diese Rationalisierung einen

---

454 Peter Schönbach: Reaktionen auf die antisemitische Schmierwelle im Winter 1959/1960 (Frankfurter Beiträge zur Soziologie – Sonderheft 3), Frankfurt am Main 1961, S. 80.
455 Lars Rensmann: Entschädigungspolitik, Erinnerungsabwehr und Motive des sekundären Antisemitismus, in: Surmann, Finkelstein-Alibi, 2001, S. 126–153, Zitat S. 127.
456 Vgl. ebd.
457 Eike Geisel: Triumph des guten Willens. Gute Nazis und selbsternannte Opfer – Die Nationalisierung der Erinnerung, Berlin 1998, S. 147.
458 Rensmann, Entschädigungspolitik, 2001, S. 128.
459 Theodor W. Adorno: Schuld und Abwehr, in: ders.: Gesammelte Schriften Bd. 9.2: Soziologische Schriften II.2 (GS 9.2), Lizenzausgabe, Darmstadt 1998, S. 147–324, Zitat S. 150.
460 Vgl. Alexander Pollak/Heribert Schiedel: Nationaler Schulterschluss gegen die Erinnerung. Über Aktualität und politische Opportunität von Burgers Philosophie des Vergessens, in: Context XXI, Nr. 7–8/01; 1/02 – Siegfrieds Köpfe. Rechtsextremismus, Rassismus und Antisemitismus an der Universität, S. 73–80, Zitat S. 74.

‚objektiven' Legitimationsgewinn. Spätestens nun stieg sie vom Stammtisch in den akademischen Diskurs auf."[461]
Traditionell antisemitische Motive vermischen sich dabei mit sekundär antisemitischen Stereotypen. Sekundärer Antisemitismus beinhaltet so auch dieselben Motive wie derjenige „vor Auschwitz", u. a. Weltverschwörungsphantasmagorien, die Verknüpfung von Jüdinnen und Juden mit Macht und Geld, ihre angebliche Beherrschung der Presse und öffentlichen Meinung, schließlich Raffgier und Rachsucht. „Die Abwehr der Erinnerung an das Unsägliche, was geschah, bedient sich eben der Motive, welche es bereiten halfen"[462], fassten Adorno und Horkheimer diesen Mechanismus zusammen.

Das Finkelsteins Vorwurf zugrunde liegende Stereotyp, dass „jüdische Eliten" die Deutschen „ausbeuten" würden (oder, wie Finkelstein in der *Neuen Revue* fragte: „Also: Es liegt an den Deutschen. Sollen diese Holocaust-Profiteure sie weiter ausrauben?") gehört zum Grundstock des sekundären Antisemitismus:

> „Das Motiv, dass Juden mit dem Holocaust die Deutschen materiell ausbeuteten, ist eines der bedeutendsten sekundär-antisemitischen Ressentiments, bei dem das konservierte moderne antisemitische Stereotyp vom ‚geldgierigen', ‚mächtigen' oder ‚rachsüchtigen' Juden auch zur Abwehr der Erinnerung und Vergegenwärtigung des Geschehenen dient."[463]

Mit der Behauptung, dass jüdische Organisationen das Gedenken an die Shoah aus Profit- und Machtgründen benutzten, kopiert Finkelstein nahezu Motive faschistischer Agitation, die Leo Löwenthal in den 1950er Jahren in den USA untersucht hatte: „Die Juden sind so schamlos und geldgierig, daß sie sogar ihre Stellung als verfolgte Minderheit noch ausbeuten, um sich besondere Privilegien zu sichern",[464] hieß es dort etwa.

Täter-Opfer-Umkehr
Das Motiv der Umkehr von historischen Täter- und Opferpositionen ist Bestandteil des sekundären Antisemitismus. Da die öffentliche Artikulation von offen rassistischem Antisemitismus nach Auschwitz strafrechtlich sanktioniert bzw. gesellschaftlich

---

461 Vgl. ebd.
462 Theodor W. Adorno/Max Horkheimer: Vorwort, in: Paul W. Massing: Vorgeschichte des politischen Antisemitismus (Frankfurter Beiträge zur Soziologie Bd. 8), Frankfurt am Main 1959, S. V-VIII, Zitat S. V.
463 Rensmann, Judenbild, S. 429.
464 Leo Löwenthal: Falsche Propheten. Studien zum Autoritarismus (Schriften Band 3), Frankfurt am Main 1990 [1982], S. 85.

geächtet ist, fühlen sich dezidierte Antisemitinnen und Antisemiten zumeist als für ihre Positionen verfolgte Opfer. Und auch um den von jeglichem Schuldgefühl ungestörten positiven Bezug auf das nationale Kollektiv und dessen Geschichte zu gewährleisten, müssen die Täter bzw. deren Nachkommen zu Unschuldigen und Opfern sowie die an die historische Schuld Erinnernden zu den eigentlichen Tätern erklärt werden. Lars Rensmann beschreibt diesen Zusammenhang folgendermaßen:

> „Aus der Sehnsucht nach einer kollektiven Entlastung und nach einer Reparation eines durch die Geschichte beschädigten kollektiven Narzissmus resultiert das Bestreben, die Opfer als heutige Täter darzustellen."[465]

In der Finkelstein-Debatte trat dieser Modus mehrfach auf. So, wenn der *ZDF-Nachtstudio*-Moderator Volker Panzer in der Anmoderation seiner Sendung zu dem erwähnten Zeitungskommentar Michael Brenners erklärte: „Das klingt ja fast so wie kauft nicht bei Finkelsteins", um ihn als Zensor zu diffamieren. Es handelt sich um eine deutliche Anspielung an den NS-Propagandaspruch: „Deutsche, wehrt euch! Kauft nicht beim Juden!"[466], was Brenner, der Professor für Jüdische Geschichte und Kultur in München ist, für seine metaphorische Aufforderung mit nationalsozialistischen Boykottaufrufern gleichsetzt. Dies bedeutet zusätzlich noch eine Relativierung des nationalsozialistischen Terrors. Finkelstein wird hier als Opfer konstruiert, dabei ist er derjenige, der konkrete Einzelpersonen und jüdische Organisationen angreift.

Auch bei Michael Mönningers Kommentar zu Finkelstein tritt diese Umkehr in Erscheinung:

> „Nie hatte es in Deutschland jemand gewagt, nach der Verwendung der seit den fünfziger Jahren an die JCC gezahlten Wiedergutmachung zu fragen. Auch bei der aktuellen Einigung der deutschen Wirtschaft, zur Abwehr der Sammelklagen aus Amerika einen pauschalen Entschädigungsfonds zu gründen, wird es größte Schwierigkeiten bereiten, die gerechte Zuteilung des Geldes an die Opfer zu gewährleisten. Es liegt in der Natur solcher *Ablasszahlungen*, dass die Nachkommen der Täter froh sein müssen, wenn ihr *Geldopfer* akzeptiert wird. Zur Überprüfung der Verwendungszwecke sind nichtjüdische Deutsche nach wie vor nicht legitimiert. [...] Nun, da Finkelstein das Schweigen gebrochen hat, müssen gerade die Deutschen umso schärfer darauf achten, wessen Rede jetzt anschwellen will. [Hervorhebungen M.S.]"[467]

Die Bundesrepublik und die deutsche Wirtschaft zahlen demnach „Ablasszahlungen" an die ehemaligen Zwangsarbeiterinnen und Zwangsarbeiter, die Mönninger

---

465 Rensmann, Judenbild, 2004, S. 164.
466 Vgl. bspw. Hesse/Springer, Augen, 2002.
467 Michael Mönninger: Tabubruch, in: Berliner Zeitung vom 29./30.1.2000.

als „Geldopfer" bezeichnet. Dies ist eine völlige Verdrehung der Realität, wie auch Rolf Surmann anführt:

„Welch groteske Verdrehung nach Jahrzehnten der Entschädigungsverweigerung [...]! Die Umkehrung von Schuld und Verantwortung, die Darstellung der Täter als Opfer, der Opfer als die eigentlichen Täter ist offensichtlich das eigentliche Motiv."[468]

Dieses Phänomen sieht Ulrike Winkler auch bei Finkelsteins Thesen selbst:

„Die Bundesrepublik Deutschland und ihre leistungsstarke Wirtschaft erscheinen als die eigentlichen Opfer, die vor „korrupten" Juden geschützt werden müssen. Ein rechtliches und moralisches Schuldverhältnis wird in sein Gegenteil pervertiert."[469]

Finkelstein entschulde die zahlungssäumigen Nutznießer der Zwangsarbeit.[470] Wie, kommentierten Broder und Wiegrefe treffend: „Diesmal stehen die Juden am Pranger – und die Deutschen fragen sich, ob sie ihnen vergeben können."[471]

II.2.2 Tabubruch

Ein weiteres in der Finkelstein-Debatte auftretendes Ideologem war das Streben nach einem Tabubruch. „Öffnung", „Öffnen" und „Tabubruch" waren die die deutsche Finkelstein-Debatte bestimmenden Metaphern. „Man muss sein Buch diskutieren dürfen – sogar in Deutschland, dem Land der Täter"[472], hieß es etwa, als sei dies einerseits lebensnotwendig und andererseits auch mit der Sorge vor einer Sanktionierung verbunden. „Offenere Diskussionen"[473] seien wichtig. Programmatisch war hier der Satz des FAZ-Redakteurs Lorenz Jäger, nachdem es nach Finkelsteins Buch nun so sei, „als würde plötzlich ein Fenster geöffnet."[474] In der österreichischen Zeitung *Der Standard* bemerkte Michael Freund hierzu treffend: „Wenn im Feuilleton der *FAZ* gesagt wird, sein Buch sei ‚als würde plötzlich ein Fenster geöffnet', dann wird übersehen, dass der Wind des ‚Genug jetzt!' schon längst durch alle Zimmer weht."[475] Vielleicht meinte Jäger aber auch genau diesen.

---

468 Surmann, Kronzeuge, 2001, S. 114.
469 Winkler, Beistand, 2001, S. 35.
470 Vgl. ebd.
471 Broder/Wiegrefe, Deutschland, 2001, S. 224.
472 Manuskript, „Holocaust-Industrie" (Dokumentation), 2001.
473 Dürr, Fragen, 2000.
474 Vgl. Jäger, Leid, 2000.
475 Michael Freund: Applaus von richtiger und falscher Seite, in: Der Standard vom 24.8.2000.

In der SZ, die Finkelsteins Thesen als eine der ersten Zeitungen veröffentlicht hatte, erläuterte Petra Steinberger zu einem späteren Zeitpunkt der Kontroverse, dass der „Auslöser für eine ernste Debatte" nicht unbedingt „seriös" sein müsse, ja sogar falsche Behauptungen könnten „zu vernünftigen Antworten" herausfordern.[476] Rolf Surmann nennt dies den „wahren Beweggrund" für die Finkelstein-Debatte: „Finkelstein hatte zwar nichts aufgedeckt, über das es sich zu diskutieren lohnte, aber mit seiner Hilfe konnte artikuliert werden, worüber man in diesem Land schon lange reden wollte."[477] Theodor W. Adorno hatte die Funktion des Tabubruchs folgendermaßen definiert:

„Es wird sozusagen gerade aus dem öffentlichen Tabu über den Antisemitismus ein Argument für den Antisemitismus gemacht: wenn man nichts gegen die Juden sagen darf, dann – so läuft die assoziative Logik weiter – sei an dem, was man gegen sie sagen könnte, auch schon etwas daran. Wirksam ist hier ein Projektionsmechanismus: daß die, welche die Verfolger waren und es potentiell heute noch sind, sich aufspielen, als wären sie die Verfolgten."[478]

Somit bestimmten nicht Fakten und deren Prüfung, sondern die Möglichkeit der Meinungsartikulation weitestgehend die Finkelstein-Kontroverse. Julius H. Schoeps resümierte:

„Finkelsteins Einlassungen werden in Deutschland als Tabubruch begriffen, den viele wollen, aber keiner selbst zu begehen wagt. Der Eindruck stellt sich sogar ein, als ob das deutsche Lesepublikum geradezu lustvoll einem Schauspiel beiwohnt, das Salomon Korn die ‚Demontage von Juden durch Juden' genannt hat. [...] Vielleicht kann man es so formulieren: Der Leser, der Finkelsteins Buch in die Hand nimmt, kann sich bequem zurücklehnen und bissige bis zynische Kommentare abgeben, ohne daß er dabei die Angst haben muß, in ein Fettnäpfchen zu treten oder in einen wie auch immer gearteten Antisemitismusverdacht zu geraten."[479]

Feindbild Political Correctness
Eng mit dem Streben nach einem Tabubruch verknüpft, ist die Behauptung einer das gesellschaftliche Meinungsklima bestimmenden Political Correctness, was

---

476 Vgl. Steinberger, Verstörungstheorie, 2.9.2000.
477 Surmann, Kronzeuge, 2001, S. 118.
478 Theodor W. Adorno: Zur Bekämpfung des Antisemitismus heute, in: ders.: GS 20.1, S. 360–383, S. 368.
479 Julius H. Schoeps: Die deutsch-jüdische Anormalität. Norman G. Finkelstein, die Nachgeborenen und die paranoiden Züge unserer Gedenkkultur, in: Irene Diekmann/ Julius H. Schoeps (Hg.): Das Wilkomirski-Syndrom. Eingebildete Erinnerungen oder Von der Sehnsucht, Opfer zu sein, Zürich/München 2002, S. 273–287, Zitat S. 283.

zumeist mit der Gegnerschaft zu eben dieser verbunden ist. In der Finkelstein-Debatte argumentierte Bernd Kallina etwa umständlich:

> „Finkelsteins Angriff auf die ‚Holocaust-Industrie' muss gerade im so belasteten deutsch-jüdischen Verhältnis besonders ‚politisch unkorrekt' wirken, als bislang fast jeder Ansatz von Kritik an Bürgern jüdischen Glaubens oder an jüdischen Organisationen in der Bundesrepublik schnell als ‚antisemitisch' von der Öffentlichkeit wahrgenommen wurde."[480]

Bei der deutschen Debatte um Political Correctness (PC) oder politische Korrektheit handelt es um eine Feindbilderklärung. So wird PC beispielsweise als „Diktatur politischer Tugendwärter" bezeichnet.[481] Oder es ist von Begriffen wie „Denkverboten", „Meinungsdiktatur der 68er", „Gutmenschen" und „liberaler Meinungsmafia" die Rede, gegen deren vermeintliche Diskurshegemonie sich die PC-Widersacher wenden.[482] Im Gegensatz zum US-amerikanischen Ursprungskontext, in dem PC Rücksichtnahmen auf Minoritäten ausdrückte, ist der Begriff in der Bundesrepublik von Anfang an negativ konnotiert gewesen. Anton Maegerle und Martin Dietzsch bezeichnen ihn etwa als „Kampfbegriff aller Rechten".[483] PC in Deutschland dient insbesondere der Diskreditierung liberaler und emanzipatorischer gesellschaftlicher Entwicklungen.[484]

Wenn der Piper-Verlagschef Viktor Niemann erklärt, dass eine „ernst zu nehmende Diskussion" erst jenseits von Political Correctness beginnen könne,[485] will er damit bestimmte Positionen öffentlich durchsetzen. Niemann verhält sich aber so, als ginge es nicht um die Durchsetzung von bestimmten Inhalten, sondern bloß um deren „offene" Diskussion. Diedrich Diederichsen schreibt dazu:

> „Er [der Diskussionsgegenstand; M.S.] bleibt dann zwar offen, aber persistent und heißt nunmehr offiziell ‚umstritten'. In reaktionären Wenden können dann die über den jeweils diskurspolitischen Status quo ante legitimierten politischen Praktiken [...] mit Hinweis auf die neue Umstrittenheit zum Abschuß freigegeben werden."[486]

---

480 Kallina, Du, 2000.
481 Vgl. Anton Pelinka: Korrekt ist nicht korrekt, in: Die Presse vom 7.6.2002.
482 Vgl. Jan Ross: Was ist politisch korrekt?, in: Die Zeit 23/2002 vom 29.5.2002.
483 Vgl. Martin Dietzsch und Anton Maegerle: Kampfbegriff aller Rechten: „Political Correctness" auf http://www.partisan.net/archive/trend/trend98/td/t340598.html vom 20.6.2001.
484 Vgl. Sabine Wierlemann: Political Correctness in den USA und in Deutschland, Berlin 2002, S. 14f.
485 Vgl. Niemann, Verleger-Frage, 2000.
486 Diedrich Diederichsen: Politische Korrekturen, Köln 1996, S. 81.

So können „Sagbarkeitsfelder" erweitert und Begriffe „normalisiert" werden. Zentral für die PC-Debatte in Deutschland ist, wie Diederichsen schreibt, „das Feld der symbolischen Bewertung und der politischen Einschätzung der Nazi-Vergangenheit."[487]

Kritiker der Veröffentlichung des Finkelstein-Buches oder der medialen Aufmerksamkeit für Finkelstein wie etwa Reinhard Robbe, Paul Spiegel, Michael Brenner und Salomon Korn, die sich zu keiner Zeit für ein „Verbot" des Buches ausgesprochen hatten (geschweige denn dies je hätten durchsetzen können), was aber fälschlicherweise immer wieder behauptet wurde, wurden in der Finkelstein-Debatte zu hysterischen Zensoren erklärt und erhielten wie Korn den Status des „jüdischen Spielverderbers",[488] wie es Arne Behrensen nennt.

Eine aufschlussreiche Verknüpfung antisemitischer Stereotypien mit der als Zensurmaßnahme deklarierten vorläufigen Absetzung des Dokumentarfilms über die „Holocaust-Industrie" unternahm Lorenz Jäger, als dieser in Richtung des SWR-Direktors Christof Schmid fragte: „Hat er nicht geahnt, daß erst seine Maßnahme das auslösen wird, was er befürchtet: eine Wiederbelebung der häßlichsten Stereotype von ‚jüdischem Einfluß' auf die Medien?"[489] Hier wird mit Schmid derjenige als verantwortlich für (mögliche) antisemitische Rezeptionsweisen bezeichnet, der durch seine Entscheidung zur Überarbeitung des Films gerade solche verhindern wollte.

Moralkeule

Wie PC und die Behauptung einer Zensur der öffentlichen Meinung durch Tabus ist auch der Begriff der „Moral-", „Antisemitismus-" oder „Auschwitzkeule" ein politischer Kampfbegriff hauptsächlich konservativer und rechter Milieus, der eine linksliberale Kultur- oder Politikdominanz behauptet, die solcherart Keulen benutze, um ihre Gegner ruhig zu stellen. Nach der „Faschismus-Keule"[490] des emeritierten Professors für Politikwissenschaft, Hans-Helmuth Knütter, und Martin Walsers „Moralkeule Auschwitz"[491], benutzte auch Norman G. Finkelstein diese Formel: „Der Holocaust ist eine ideologische Keule, mit der

---

487 Ebd., S. 14f.
488 Behrensen, Debatte, 2001, S. 31.
489 Jäger, Rückgabe, 2001.
490 Vgl. Hans-Helmuth Knütter: Die Faschismus-Keule: das letzte Aufgebot der deutschen Linken, Frankfurt a. M. u. a. 1993.
491 Vgl. Martin Walser: Erfahrungen beim Verfassen einer Sonntagsrede. Friedenspreis des Deutschen Buchhandels 1998, Sonderdruck, Frankfurt a. M. 1998, S. 20.

Deutschland in Schach gehalten wird."⁴⁹² In der Lokalzeitung *Südwest Presse – Schwäbische Donau Zeitung* hieß es während der Finkelstein-Debatte in ähnlicher Weise:

> „Dennoch gibt es sie zweifellos, diese moralische Keule, welche seit einigen Jahrzehnten zum Geldeintreiben nun hauptsächlich gegen die Nachkommen derer geschwungen wird, von denen ein Teil schwere Schuld auf sich lud. Das Buch wirkt dementsprechend als Tabubruch, das ist sein Erfolgsrezept. Vieles wird stimmen – und manches hängen bleiben."⁴⁹³

II.2.3 Bestreiten der Singularität der Shoah

Die Frage, ob es sich bei der Shoah um ein singuläres Ereignis handelt oder nicht, und was dies für Folgerungen zulasse, gehört sicherlich zu den nicht nur in der Historikerzunft seit längerer Zeit kontrovers diskutierten Fragen. Diese Debatte kann und soll hier nicht aufgerollt werden. Doch hat sie auch für die Kontroverse um die „Holocaust-Industrie" Bedeutung.

In Erinnerung gerufen sei, dass Peter Steinbach im *ZDF-Nachtstudio* erklärte:

> „Ich finde diese Öffnung des Buches im Hinblick auf die Vergleichbarkeit von Völkermorden unheimlich wichtig. [...] Da bin ich Herrn Finkelstein wirklich dankbar, dass er gewissermaßen diese Diskussion öffnet. Und zumindest das Gespür dafür weckt, es gibt eine Alternative zu der These von der Singularität des Völkermords. Das nimmt diesem Völkermord an den Juden keinen Schrecken. [...] Aber singulär – ich denke, mit diesen Büchern müsste das vom Tisch sein."⁴⁹⁴

Es verwundert doch sehr, dass Steinbach gerade Finkelsteins verschwörungstheoretisch argumentierendes und polemisches Buch für diesen Sachverhalt lobte – so, als würde dies die Mängel und Abscheulichkeiten von Finkelsteins-Buch wettmachen. In der *Berliner Zeitung* hieß es zur selben Frage:

> „In seinem Rundumschlag hat er [Finkelstein; M.S.] eine in Amerika wie in Deutschland weit verbreitete Ideologie getroffen. Ihr zufolge ist der Holocaust ein einzigartiges, unvergleichbares, letztlich nicht zu verstehendes Ereignis. Das, was man aus dem Holocaust lernen könnte, wird damit verdunkelt. Die Holocaust-Ideologie

---

492 Norman G. Finkelstein: Ein Mann sieht rot. Norman Finkelstein über „Holocaust-Industrie" und Gedächtniskultur in Deutschland und Amerika (Interview), in: Die Welt vom 6.2.2001.
493 Da.: Der Zorn der Mutter. Das politische Buch, in: Südwest Presse – Schwäbische Donau Zeitung vom 12.2.2001.
494 Vgl. ZDF-Nachtstudio, Folge 103 vom 8.2.2001.

verleiht ihren Vertretern den Status moralischer Unangreifbarkeit. [...] Zur konsequenten Historisierung, die allein die Erinnerung vor Missbrauch schützen kann, trägt Finkelstein freilich nichts bei."[495]

Doch gerade auch die Historisierung der Shoah ist Thema einer nicht nur geschichtswissenschaftlichen Kontroverse.[496] Peter Novick hatte, als er am 8. Januar 2000 seine Thesen in der SZ veröffentlichte,[497] einen wichtigen Unterschied zwischen der US-amerikanischen und deutschen Erinnerungskultur betont, nämlich den, dass in der Bundesrepublik die Singularitätsthese dazu diente, eine Relativierung der deutschen Verbrechen zu blockieren, während sie in den USA von den „eigenen Verbrechen" ablenke.[498] „Die Deutschen, die auf der Unvergleichbarkeit des Holocaust beharrten, täten es aus gutem Grund, damit im Lande der Mörder die schmerzliche Auseinandersetzung mit der Vergangenheit nicht gemieden würde", wird Novick in der *Berliner Zeitung* wiedergegeben.[499]

Auch Natan Sznaider erklärt:

„Universalisierung und Vergleichbarkeit in den Vereinigten Staaten wurden immer von der politischen Linken angestrebt, in Deutschland aber von Konservativen und Reaktionären. Universalisierung ist eben nicht universal, sondern geht auf verschiedene Traditionen und Lesarten zurück."[500]

Daher könne die Shoah „nicht überall gleich erinnert werden."[501] Dan Diner stellte 1987 die kritische Frage:

„Nationale Identität der Deutschen nach Auschwitz? Es ist zu vermuten, daß die Realisierungsabsicht dieser Sehnsucht sich an der absoluten Schranke Auschwitz stoßen wird, mit dem Ergebnis, dass Auschwitz nicht nur in seiner Bedeutung als massenhafter Judenmord, sondern auch als Zivilisationsbruch beiseite geschoben oder durch Historisierung abgetan werden wird."[502]

---

495 Jens Bisky: Der Hass des linken Außenseiters, in: Berliner Zeitung vom 7.2.2001.
496 Vgl. etwa Dan Diner (Hg.): Ist der Nationalsozialismus Geschichte? Zu Historisierung und Historikerstreit, Frankfurt a. M. 1987.
497 Vgl. Novick, Böse, 2000.
498 Vgl. ebd.
499 Dr. Volker Müller: Amerikanische Tabubrüche, in: Berliner Zeitung vom 8.2.2001.
500 Sznaider, Nathan: Das große Mißverständnis: Finkelsteins Holocaust, in: Piper, Ernst (Hg.): Gibt es wirklich eine Holocaust-Industrie? Zur Auseinandersetzung um Norman Finkelstein, Zürich 2001, S. 176–191.
501 Vgl. ebd.
502 Dan Diner: Negative Symbiose, in: ders., Nationalsozialismus, 1987, S. 185–197.

Der Medienwissenschaftler Oliver Marchart ist der Auffassung, dass „am Abbau der Schranke" heute „angestrengt gearbeitet" werde.[503]

II.2.4 Der Kronzeuge

„Hieße der Autor Hans Müller, kein Leser und erst recht kein Verlag würden sich um ihn scheren. Aber Finkelstein! Ein jüdischer Name wie von einer PR-Agentur kreiert."[504] So schätzte Rafael Seligmann die Rolle von Finkelsteins Person ein. Finkelstein wies bewusst immer wieder auf seine Herkunft als Sohn von Shoah-Überlebenden hin und die deutschen Medien nahmen dies bereitwillig auf. „Niemand" könne ihn, so Philipp Blom in der *Berliner Zeitung*, „der Riege der Holocaust-Leugner oder Antisemiten zurechnen", da er Sohn von Überlebenden sei.[505] Finkelstein bot sich daher in idealer Weise als Kronzeuge auch für antisemitisch motivierte Kritik an Überlebendenorganisationen und den Entschädigungszahlungen an. Lars Rensmann beschreibt dies folgendermaßen:

> „Es gehört seit je zu den zentralen Techniken antijüdischer Agitation, sich auf reale oder vermeintliche antisemitische Aussagen von Juden zu berufen, um dem Stereotyp größere Legitimität zu verschaffen."[506]

Rolf Surmann nennt Finkelstein „Kronzeugen für eine Anklage", die bereits formuliert war.[507] Finkelstein schaffe „ein zitier- und salonfähiges *jüdisches Alibi* für von Antisemiten gedachte und gehegte Stereotype".[508] Rensmann weist überdies darauf hin

> „Wurde Goldhagen bisweilen dafür attackiert, als Jude der ‚zweiten Generation' zu subjektiv zu sein, als er die nationalsozialistische Gesellschaft kritisiert hat, erscheint

---

503 Vgl. Oliver Marchart: Umkämpfte Gegenwart. Der „Zivilisationsbruch Auschwitz" zwischen Singularität, Partikularität, Universalität und der Globalisierung der Erinnerung, in: Heidemarie Uhl (Hg.): Zivilisationsbruch und Gedächtniskultur. Das 20. Jahrhundert in der Erinnerung des beginnenden 21. Jahrhunderts, Innsbruck 2003, S. 35–65, Zitat S. 35.
504 Rafael Seligmann: Viel Lärm um nichts? Norman Finkelsteins „Holocaust-Industrie", in: Universitas – Orientierung in der Wissenswelt, 56. Jg., Nr. 656, Februar 2001, S. 177–180, Zitat S. 177.
505 Vgl. Blom, Dachau, 2000.
506 Rensmann, Judenbild, S. 437.
507 Vgl. Surmann, Kronzeuge, 2001, S. 113.
508 Vgl. Rensmann, Entschädigungspolitik, 2001, S. 145.

bei Finkelstein ein ähnlicher Hintergrund oftmals geradezu als Objektivitätsnachweis für seine Thesen."[509]

Den Stellenwert eines Kronzeugen nahm Finkelstein aber nicht nur in der politischen „Mitte" der bundesdeutschen Gesellschaft ein. Auch in der extremen Rechten reüssierte er zum „jüdischen Kronzeugen".[510]

II.2.5 Rezeption in der extremen Rechten

In den letzten Jahren hat sich der Stellenwert des Antisemitismus als ein zentrales Element rechtsextremer Ideologie erneuert. Wolfgang Benz spricht gar von einer „Brückenfunktion", welche die „Judenfeindschaft zwischen der Mitte der Gesellschaft und dem Rechtsextremismus" erfülle.[511] Eine dieser ideologischen „Brücken" bildet die „von Rechtsradikalen offen geäußerte, auf konservativ-bürgerlicher Seite weithin geteilte, aber so nicht ausgesprochene Unterstellung, die Juden benutzten den Holocaust zur Erpressung und Ausbeutung."[512] So erhielt auch die Debatte um Norman G. Finkelsteins „Holocaust-Industrie" breiten Raum in den extrem rechten Medien und erlangte große Resonanz im gesamten extrem rechten Spektrum.[513] In den Medien der gesellschaftlichen „Mitte" wurde häufiger der „Beifall von der falschen Seite", den Finkelstein erhalten habe, der „Missbrauch" seiner Thesen durch Rechtsradikale und sein Status eines „Kronzeugen wider Willen" für die extreme Rechte erwähnt.[514]

---

509 Rensmann, Judenbild, Fn. 1811, S. 437.
510 „Extreme Rechte" wird hier als übergreifender „Sammel"-Begriff für rechtsextreme Parteien, neonazistische Gruppierungen, der so genannten Neuen Rechten zugehörige Medienprojekte, Zusammenschlüsse der Holocaust-Leugner und andere Personen und Organisationen verwendet, die die Ideen der Aufklärung, der Freiheit und Gleichheit der Menschen ablehnen. Der Autor ist sich der Gefahr, hier unspezifisch höchst unterschiedliche Gruppen unter einen Begriff zu subsumieren bewusst, will diesen aber nur als behelfsweisen Sammelbegriff verstanden wissen und im weiteren Text differenzieren. Zur Problematik des Rechtsextremismusbegriffs als übergeordnetem Kategorialbegriff vgl. bspw. Ulrich Druwe unter Mitarbeit von Susanne Mantino: „Rechtsextremismus". Methodologische Bemerkungen zu einem politikwissenschaftlichen Begriff, in: Jürgen Falter u. a. (Hg.): Rechtsextremismus. Ergebnisse und Perspektiven der Forschung, PVS-Sonderheft 27/1996, S. 66–80.
511 Vgl. Benz, Antisemitismus, 2004, S. 116.
512 Vgl. ebd., S. 119.
513 Vgl. Dietzsch/Schobert, Irving, 2001.
514 Vgl. Michael Stiller: Hohn aus sicherer Deckung. Anonyme Rechtsextremisten zum Anschlag von Düsseldorf, in: Süddeutsche Zeitung vom 6.10.2000.

Dass die Behauptung eines Missbrauchs von Finkelsteins Thesen der Realität der Bezugnahmen auf ihn nicht gerecht wird, soll im Folgenden dargelegt werden.

Der Journalist Andreas Speit weist darauf hin, dass die verschiedenen Personen, Organisationen und Gruppierungen der extremen Rechten selten einer Meinung sind und „selten applaudieren sie den gleichen Persönlichkeiten. Doch die Extreme Rechte, von den militanten Neonazis bis zu den intellektuellen Rechtsextremen, feiert unisono Norman G. Finkelstein als ‚Tabubrecher'."[515] Finkelsteins Buch stand kurz nach Erscheinen auf den Bestsellerlisten verschiedener extrem rechter Zeitungen wie beispielsweise der *National-Zeitung*.[516] Doch nicht nur dort bezog man sich auf Finkelstein. „Um straffrei zu bleiben", wiesen die Macher der Homepage des „Nationalen Infotelefons" (NIT) „ihr Publikum an, Aussagen zu Entschädigungszahlungen in Deutschland nun mit dem Verweis auf Finkelstein zu präsentieren."[517] Finkelstein war also innerhalb kurzer Zeit zum idealen Kronzeugen selbst in der neonazistischen Szene geworden. Die *Junge Freiheit* (JF) hatte aber schon im Jahr 1997 Finkelsteins Kritik an Goldhagen aufgegriffen und darüber berichtet.[518] Nun titelte die JF in der Ausgabe Nr. 7 vom 11.2.2000 „Norman Finkelstein – Der Tabubrecher".[519] Die JF-Autorinnen und -Autoren kritisierten Finkelstein nicht, denn seine Thesen „entsprechen ihrer Argumentation. […] Denn nicht die Negation von Auschwitz, sondern die Relativierung durch Neuinterpretation des Holocaust ist ja ihr Thema."[520]

Wolfgang Benz folgert:

„Rechtsradikalen waren Finkelsteins Thesen willkommen als Munition in der Agitation gegen die Erinnerung an die nationalsozialistischen Verbrechen und in der Propaganda gegen die Entschädigung für Zwangsarbeiter und Holocaustopfer generell."[521]

So meinte der österreichische Neonazi Walter Ochensberger in seiner Publikation *Phoenix/Top Secret* 4/2000: „Würden wir das sagen, was der jüdische Professor

---

515 Andreas Speit: Jargon der Tabubrecher. Norman G. Finkelsteins Rezeption in der Jungen Freiheit, in: Surmann, Finkelstein-Alibi 2001, S. 154–172, Zitat S. 154.
516 Vgl. ebd.
517 Vgl. Speit, Jargon, 2001, S. 155.
518 Vgl. ebd., S. 159f.
519 Vgl. Dietzsch/Schobert, Irving, 2001, S. 39.
520 Speit, Jargon, 2001, S. 165. Siehe auch Alexander Ruoff: Verbiegen, Verdrängen, Beschweigen: die Nationalgeschichte der ‚Jungen Freiheit', Münster 2001; Helmut Kellershohn (Hg.): Das Plagiat. Der völkische Nationalismus der Jungen Freiheit, Duisburg 1994; Martin Dietzsch u. a. (Hg.): Nation statt Demokratie. Sein und Design der ‚Jungen Freiheit', Duisburg 2003.
521 Benz, Antisemitismus, 2004, S. 142.

Finkelstein über das ‚Holocaust-Schwindel-Geschäft' in seinem Buch schreibt und auch in der Öffentlichkeit sagt, würden wir für viele Jahre als ‚Holocaust-Leugner', als ‚Neonazi', als ‚Rechtsextreme', als ‚Antisemiten' und als ‚Volksverhetzer' hinter Kerkermauern landen!"[522] Aber nicht nur Ochensberger, „die gesamte rechtsextreme Publizistik" mache Finkelstein „zum Kronzeugen für den eigenen Antisemitismus."[523] Dabei habe sich, wie Wolfgang Benz feststellt, Finkelstein mit seinen Thesen selbst dazu angeboten, es sei „kein Akt der Usurpation" gewesen.[524]

So titelte die *National-Zeitung* unter anderem mit der Schlagzeile „Ein Jude spricht die Deutschen frei" oder „Finkelstein: Die Holocaust-Industrie. Was der jüdische Star enthüllt".[525] In der Neonazi-Szene hieß es dagegen auf der Thulenet-Homepage: „Jeder weiß es, keiner sagt es – Der Holocaust dient zynischen Geschäftemachern als Vorwand, die Unterlegenen des 2. Weltkriegs immer wieder auf's Neue um Milliardensummen zu erpressen."[526] Auf der Mailingliste ZGRAM des Holocaust-Leugners Ernst Zündel schrieb dessen Ehefrau Ingrid Rimland Ende August 2000 voller Begeisterung:

> „Dieser Finkelstein ist wie eine von Rommels Panzer-Einheiten, die durch die feindlichen Linien gebrochen ist und nun Verwüstung schafft, indem sie die Unterstützer-Truppen der Holocaust-Industrie abknallt und die Munitionslager des jüdischen Hollywood-Ramschs in die Luft sprengt [...] Finkelstein ist wie ein jüdischer David Irving [...] Er sagt alles – AUSGENOMMEN, dass die Gaskammer-Geschichte auch erfunden wurde. Er klammert sich an seinem [sic] letzten Strohhalm – vielleicht, um nicht verrückt zu werden."[527]

„Die Holocaust-Industrie" wurde ebenfalls in mehrere hauseigene Versandprogramme aufgenommen, bspw. beim *Deutsche Stimme*-Verlag der NPD, der Zeitschrift *Nation & Europa* u. a. Und auch die extrem rechten Parteien Die Republikaner (REP), Nationaldemokratische Partei Deutschlands (NPD) und Deutsche Volksunion (DVU) nahmen auf kommunal- oder landespolitischer Ebene auf Finkelsteins Buch in Reden oder bei Pressekonferenzen Bezug.[528]

In der Neonaziszene zeigte man sich, wie das NIT-Blitz, erfreut darüber, dass „sich der geistige Handlungsspielraum zunehmend erweitert".[529]

---

522 Zit. n. Dietzsch/Schobert, Irving, 2001, S. 101.
523 Vgl. Benz, Antisemitismus, S. 145.
524 Vgl. ebd.
525 Zit. n. Dietzsch/Schobert, Irving, 2001, S. 30.
526 Zit. n. ebd., S. 84.
527 Zit. n. Schobert, Jude, 2001, S. 11.
528 Schobert, Jude, 2001, S. 14ff.
529 Vgl. ebd., S. 23.

Aufschlussreich ist, dass mehrere extrem rechte Zeitungen und Websites ungekürzte und unkommentierte Artikel aus „bürgerlichen" Tageszeitungen etc. übernahmen, darunter nicht nur Interviews mit Finkelstein. So veröffentlichte etwa die neonazistische Signal-Homepage den FAZ-Artikel von Lorenz Jäger „Wir bitten um Rückgabe" ein zweites Mal. Im *National Journal* und auf der Berlin Website erschien ein *Welt*-Interview mit Finkelstein erneut, das *Neue Revue*-Interview mit Finkelstein wurde nochmals in den *Unabhängigen Nachrichten* publiziert. Alfred Schobert erklärt dazu:

> „Im Unterschied zur Walser-Debatte, in deren Verlauf die Publizistik der extremen Rechten vor allem Walsers Rede vollständig oder in langen Auszügen reproduzierte, gab es in der Finkelstein-Debatte etliche Text-Übernahmen aus dem Medien-Mainstream, und zwar nicht nur von Artikeln und Interviews Finkelsteins."[530]

Laut Wolfgang Benz wurde „Die Holocaust-Industrie" von Rechtsextremen zum „Schlüsseltext" gemacht.[531]

Alfred Schobert, der intensiv die Reaktionen auf Finkelstein in der extremen Rechten verfolgte, analysierte zusätzlich Beiträge aus dem offiziellen CDU-Forum im Internet. An diesem „virtuellen Stammtisch" würden in großer Anzahl „Gerüchte über ‚die Juden'" artikuliert.[532] Schobert konstatierte insgesamt „sinkende Schamgrenzen und Latenzschwellen." Nicht allzu gewagt sei die Hypothese, „dass der ‚Antisemitismus der Mitte' einen neuen Schub bekommen" habe.[533]

---

530 Ebd., S. 26.
531 Vgl. Benz, Antisemitismus, 2004, S. 145.
532 Vgl. Schobert, Jude, 2001, S. 27. Siehe auch ders.: „Mit der Holocaust-Keule viel Geld abzocken", in: Allgemeine Jüdische Wochenzeitung 7/2001 vom 20.3.2001.
533 Vgl. Schobert, Jude, 2001, S. 27f.

Schlussbetrachtung

Im Oktober 2002, über ein Jahr nach der letzten Welle der Debatte um die „Holocaust-Industrie", erschien eine deutsche Übersetzung von Finkelsteins bereits 1995 im englischsprachigen Original veröffentlichten Buch „Image and reality of the Israel-Palestine conflict" beim Münchner Hugendubel-Verlag unter dem Titel „Der Konflikt zwischen Israel und den Palästinensern: Mythos und Realität". Dieses Buch, obwohl öffentlich stark mit dem „Holocaust-Industrie"-Hinweis beworben (auf dem Umschlag war bspw. ein breiter roter Streifen mit der Aufschrift „Vom Autor der ‚Holocaust-Industrie'" angebracht)[534], sollte nicht im Ansatz dieselbe Aufmerksamkeit auf sich ziehen und die öffentliche Resonanz erhalten, wie Finkelsteins „Holocaust-Industrie" in den beiden Vorjahren in der Bundesrepublik. Einen Grund sieht der Historiker Walter Laqueur in folgendem Umstand:

> „Israel hat schon seit Jahren keine gute Presse – es gibt eine reiche antizionistische und antiisraelische Literatur in vielen Sprachen. Gegen diese Konkurrenz wird es Finkelstein schwer haben. Der deutsche Verleger muss sich von der Magie des Namens Finkelstein viel versprochen haben."[535]

Der FAZ-Journalist Wolfgang Günter Lerch erwartete dagegen eine größere Resonanz: Der Autor werde „mit dem Buch nun in Deutschland für Aufsehen sorgen" – Finkelstein, nach Aussage Lerchs „so etwas wie der Edward Said der jüdisch/israelischen Seite", habe mit seinem Buch vermittelt, dass die Geschichte des israelisch-palästinensischen Konflikts „neu geschrieben werden" müsse.[536] Und auch der Journalist Ludwig Watzal erklärte, Finkelsteins Buch habe „das Zeug zu einem Skandalbuch."[537] Er zeige „wissenschaftlich fundiert ein völlig anderes Israelbild, als es in Deutschland vermittelt" werde und leiste „für das

---

534 Vgl. Arne Behrensen: Die Finkelstein-Therapie, in: Jungle World 43/2002 vom 16.10.2002.
535 Walter Laqueur: Finkelsteins Verschwörungstheorien. Eine antiisraelische Polemik zum Nahostkonflikt, in: Neue Zürcher Zeitung vom 5.10.2002.
536 Vgl. Wolfgang Günter Lerch: Von der Landnahme zum Staat. Finkelsteins Analyse des Nahost-Konflikts provoziert die Israelis, in: FAZ vom 8.10.2002.
537 Vgl. Ludwig Watzal: Mythos Israel. Norman G. Finkelstein attackiert den Zionismus als Ideologie, in: Der Tagesspiegel vom 9.10.2002.

Verständnis des israelisch-arabischen Konflikts" einen „wichtigen Beitrag", wobei aber „ärgerlich" sei, „dass der Autor dabei immer wieder die zionistischen Begründungen mit Rechtfertigungen der Nazis gleichsetzt."[538] Doch der erneute Skandal blieb aus.

Dabei hatte sich Finkelstein den Deutschen als erneuter Tabubrecher und „Themenfelderöffner" nahezu angeboten. Als er zur Buchvorstellung im Herbst 2002 in die Bundesrepublik kam, hatte er „im Gepäck" nicht nur sein neue Veröffentlichung, „sondern auch viel Lob für Deutschland", wie Christian Böhme im Tagesspiegel schrieb.[539] Denn, so Finkelstein, in Deutschland sei „eine Regierung wiedergewählt worden, die nichts von einem [sic] Waffengang gegen Saddam hält."[540] Gleichzeitig habe Deutschland die „Pflicht", eine „unvorstellbare Tragödie" auf dem Rücken der Palästinenser zu verhindern, also „auf Israel einzuwirken".[541] Doch leider, wie Finkelstein in einem Interview mit der FAZ.NET-Redaktion sagte, könne man in Deutschland „nicht vernünftig" über „den Holocaust der Nazis" sowie über „den Konflikt zwischen Israelis und Palästinensern" reden.[542] Finkelstein weiter:

> „Die Deutschen sollten wahren moralischen Mut zeigen und sagen: ‚Was im Zweiten Weltkrieg geschehen ist, war ein unbeschreibliches Verbrechen, wir haben keinerlei Absicht, es jemals zu vergessen, aber wir werden nicht mehr zulassen, dass man uns unter Hinweis darauf zum Schweigen bringt, wenn anderswo Verbrechen gegen die Menschenrechte begangen werden.'"[543]

---

538 Vgl. ebd. In einem Gastbeitrag für die FAZ-Homepage zum Nahostkonflikt hatte Finkelstein sogar geschrieben: „Wenn die Israelis nicht als Nazis angeklagt werden wollen, dann müssen sie eben aufhören, wie Nazis zu handeln." Vgl. Norman G. Finkelstein: Zuckerbrot und Peitsche – die Hintergründe des Blutbades in Palästina (Gastbeitrag), auf www.faz.net vom 14.5.2002. In der redaktionellen Einleitung zu dem Artikel heißt es: „In diesem Gastbeitrag äußert sich nun der Politikwissenschaftler Norman Finkelstein, der mit seinem Buch über ‚Die Holocaust-Industrie' in Amerika und in Deutschland eine Kontroverse über den Umgang mit Auschwitz ausgelöst hat. Jetzt prangert er nicht weniger kontrovers die israelische Regierung für ihre Besatzungspolitik an." Ebd.
539 Vgl. Christian Böhme: Hier Bush, da Schröder. Warum der US-Politologe Norman Finkelstein Berlin lobt, in: Der Tagesspiegel vom 12.10.2002.
540 Vgl. ebd.
541 Vgl. ebd.
542 Vgl. Norman Finkelstein: „Die amerikanische Regierung ist außer Kontrolle" (Interview) auf http://www.faz.net vom 14.10.2002.
543 Vgl. ebd.

Denn „was wirklich zu Antisemitismus" führe, sei „die Tatsache", dass die „Deutschen die Diskussion darüber" unterdrückten.[544] Aber Deutschland hätte „in bemerkenswerter Weise seine Lektion aus dem Zweiten Weltkrieg gelernt": Die Deutschen seien „ein großes Vorbild für alle anderen: Sie hatten als erste den Mut, eine Regierung auf Grund ihrer Anti-Kriegs-Agenda zu wählen, die dem Washingtoner Regime Paroli bietet."[545]

In dem neuen Vorwort vom Juli 2002, das seinem Buch „Der Konflikt zwischen Israel und den Palästinensern" vorangestellt ist, richtet sich Finkelstein mit einer Aufforderung explizit an seine deutsche Leserschaft: Er zitiert den südafrikanischen Bischof Desmond Tutu damit, dass auch die israelische Besatzung enden könne, wenn die Apartheid in Südafrika ein Ende gefunden habe. Doch dazu müsse der internationale Druck entschlossen sein. Darauf erfolgt Finkelsteins Rat: „Bei dieser Kampagne können – und sollten – ganz gewöhnliche deutsche Bürger [sic] eine führende Rolle spielen."[546]

Damit hatte sich Finkelstein eigentlich erneut als geschichtspolitischer Kronzeuge empfohlen – doch offenbar war das Interesse an seiner Person gering, er wurde nicht (mehr) gebraucht.

Im Jahr zuvor war Finkelstein noch Auslöser eines „gigantischen Medienrummels" in der Bundesrepublik gewesen.[547] Doch, wie Werner Bergmann schreibt,

„diese Aufmerksamkeit war nicht der Qualität der präsentierten Fakten geschuldet, sondern dem Bedürfnis, einen legitimen Grund zu finden, um weitere finanzielle Verpflichtungen aus den NS-Verbrechen abweisen zu können und die eigenen Ressentiments über die jüdische Ausbeutung des Holocaust bestätigt zu sehen."[548]

Finkelstein befriedigte als „jüdischer Kronzeuge" in idealer Weise die Ressentiments vieler Deutscher. Er kritisierte nicht allein jüdische Opfervertretungsorganisationen,

---

544 Vgl. ebd.
545 Vgl. ebd.
546 Finkelstein, Konflikt, 2002, S. 37. Das „ganz gewöhnliche deutsche Bürger" wirkt wie eine bewusste Anspielung auf den Titel von Goldhagens Buch „Hitlers willige Vollstrecker: ganz gewöhnliche Deutsche und der Holocaust", was in diesem Kontext nur als geschmacklos zu bezeichnen ist.
547 Vgl. Alfred Schobert: „Holocaust-Industrie". Kulturkritik oder Koschermachen einer neonazistischen Propagandaformel?, in: Siegfried Jäger,/Jobst Paul (Hg.): „Diese Rechte ist immer noch Bestandteil unserer Welt" – Aspekte einer neuen Konservativen Revolution, Duisburg 2001, S. 77–101, S. 77.
548 Werner Bergmann: Die Haltung der deutschen Bevölkerung zur Wiedergutmachung, in: Karl Brozik/Konrad Matschke: Claims Conference. Luxemburger Abkommen 50 Jahre Entschädigung für NS-Unrecht, Frankfurt a. M., S. 16–24, S. 22.

„sondern delegitimiert sie samt ihrer Forderungen."[549] Damit kam er einer „weit verbreiteten Stimmung entgegen."[550]

Dass es kritisierbare Formen des Gedenkens und des Umgangs mit der Vergangenheit gibt, mithin eine Form des „Erinnerungs-Kitsches" existiert, steht außer Zweifel.[551] Ebenso, dass es, dazu ist mittlerweile eine große Zahl von Büchern erschienen, instrumentelle Ansätze im Umgang mit der Vergangenheit gibt. Peter Novicks Buch ist in diesem Rahmen diskutiert worden, dieser verwahrt sich gegen eine Kritik an Instrumentalisierungen. Aber mit Norman G. Finkelstein ist hierzulande ein durch seine polemisch-denunziatorische Sprache gekennzeichneter, verschwörungstheoretisch argumentierender Beitrag zum „Diskussionseröffner" und „Tabubrecher" erhoben worden. Peter Novick hatte dagegen nicht diese Resonanz – und auch er hatte nur einen, sich positionierenden, zumal durchaus polemischen und nicht unumstrittenen Beitrag zu einer breiten US-amerikanisch-jüdischen Debatte geliefert. Der Kontext dieser Debatte bleibt den meisten Deutschen verschlossen, aber viele hatten offenbar an diesem auch gar kein Interesse – es galt, Finkelstein als Kronzeuge ihrer Ressentiments zu benutzen.

Debatten über die politische Instrumentalisierung der Vergangenheit sind durchaus berechtigt, und spätestens seit der Berufung deutscher Regierungsmitglieder darauf, „Auschwitz verhindern" zu wollen, um damit einen Krieg gegen Jugoslawien zu rechtfertigen, sollte man um die Zwiespältigkeit solcher Bezugnahmen wissen. Doch es ist wichtig, genau hinzuschauen, wer was in welchem Kontext politisch „vereinnahmt" bzw. sich auf die Geschichte bezieht, und worin überhaupt diese Vereinnahmung besteht. Welches ist die „richtige" Form der Erinnerung? Und für wen? Jede Kritik einer Instrumentalisierung muss den Kontext ihrer Kritik beachten und darf die „Monstrosität" des Ereignisses selbst, des bislang präzedenzlosen „Zivilisationsbruches", nicht ausblenden oder verleugnen.

„Als der ‚revisionistische' Geschichtsfälscher David Irving bereits Anfang der 90-er Jahre über die ‚Holocaust-Industrie' schwadronierte, kam er damit über die engere [rechtsextreme; M.S.] Szene nicht hinaus. Erst Finkelstein schaffte es, dieses Unwort im etablierten Medien-Diskurs zu verankern."[552] Wobei gesagt werden

---

549 Vgl. Surmann, Polemik, 2001, S. 15.
550 Vgl. Schobert, Kulturkritik, 2001, S. 77.
551 Vgl. bspw. die Fotografien von Reinhard Matz: Die unsichtbaren Lager. Das Verschwinden der Vergangenheit im Gedenken, Reinbek bei Hamburg 1993.
552 Armin Pfahl-Traughber: Finkelsteins „Holocaust-Industrie" und der Antisemitismus (Neues von ganz rechts – Februar 2001), auf der Homepage des Dokumentationsarchivs des Österreichischen Widerstands, Wien, http://www.doew.at/projekte/rechts/chronik/2001_02/finkel.html vom 15.1.2004.

muss, dass nicht Finkelstein diese Verankerung vornahm, sondern seine Thesen aktiv in den deutschen Medien aufgenommen wurden und damit im sagbaren öffentlichen Raum verankert wurden.

Heute ist die „Holocaust-Industrie" zu einer Chiffre des sekundären Antisemitismus geworden, die über die extreme Rechte hinaus bis in die „Mitte" der deutschen Gesellschaft hinein Verwendung findet. Im Mantel einer legitimen, ja (angeblich) notwendigen Kritik der Instrumentalisierung der Shoah hat sich der Antisemitismus nach Auschwitz in der Bundesrepublik ein Sagbarkeitsfeld eröffnet.

In der extremen Rechten Deutschlands ist die „Holocaust-Industrie" heute eine vielfach verwendete Chiffre. Ob, wie im Winter 2004, Angehörige der neonazistischen „Freien Nationalisten" in Hamburg Flugblätter gegen die Ausstellung „Verbrechen der Wehrmacht. Dimensionen des Vernichtungskrieges 1941–1944" verteilen, auf denen behauptet wird, dass die Ausstellung „der Lüge und Hetze" überführt sei, da der „Überprüfungskommission", die die alte Ausstellung unter anderem nach Vorwürfen der fahrlässigen Verwendung ausgestellter Fotografien einer Überprüfung unterzogen hatte, fast nur „Vertreter" der „Holocaust-Industrie" angehört hätten;[553] ob, wie die NPD Pankow auf ihrer Homepage Anfang 2005 verkündet, die „Holocaust-Industrie in Panik wegen Mahnmal-Konkurrenz" gerate, aufgrund einer privaten „Gedenkstätte für Maueropfer" den Verlust ihres „Gedenkmonopols" in Berlin befürchte und die Berliner Stadtentwicklungssenatorin Ingeborg Junge-Reyer zur „inoffiziellen Sprecherin" der „Holocaust-Industrie" erklärt;[554] oder ob das NPD-Parteivorstandsmitglied und Mitglied des sächsischen Landtags Jürgen W. Gansel, der in einer Parlamentsdebatte in der Woche zuvor die Bombardierung Dresdens als „Bomben-Holocaust" bezeichnet hatte, einen Tag vor dem 60. Jahrestag der Befreiung des KZ Auschwitz am 26. Januar 2005 auf einer Pressekonferenz in Dresden erklärt:

> „Ich sehe es so, dass die Holocaust-Industrie – auch kein Begriff von mir, sondern von Norman Finkelstein – in der Tat kein geistiges Copyright auf den Begriff Holocaust reklamieren kann. Dieser Begriff ist kein eingetragenes Warenzeichen und in seiner Wortbedeutung von Brandopfer oder Massenvernichtung kann man meiner Meinung nach diesen Begriff sehr wohl und historisch äußerst faktengesättigt auf das

---

553 Vgl. Stefan Lindke/Andreas Speit: Hamburger Zeichen, in: Der Rechte Rand Nr. 87, März/April 2004, S. 17–18, S. 17.
554 Vgl. NPD Pankow: Holocaust-Industrie in Panik wegen Mahnmal-Konkurrenz, auf http://www.npd-pankow.de/images/schlagzeilen/006.php vom 1.2.2005.

Geschehen in Dresden anwenden, ohne dass damit eine Relativierung des Massenmordes an den Juden einhergeht"555

Immer werden mit dem Begriff der „Holocaust-Industrie" Überlebendenorganisationen, Gedenkstätten, Historiker und in der Vergangenheitsaufarbeitung Engagierte in antisemitischer Manier angegriffen, delegitimiert, der Lächerlichkeit preisgegeben und das historische Verbrechen, die Shoah, relativiert.

Aber der Begriff findet heute nicht nur im Spektrum der extremen Rechten, sondern auch in der „Mitte der Gesellschaft" Gebrauch. Ludwig Watzal, zu diesem Zeitpunkt Journalist und Redakteur der von der Bundeszentrale für politische Bildung herausgegebenen Zeitschrift „Aus Politik und Zeitgeschichte", der Beilage der Wochenzeitung „Das Parlament", verwendete ihn im Herbst 2004 in einem Beitrag für das Deutschlandradio Berlin. Darin portraitierte er „den israelisch-amerikanischen Medien-Taycoon [Fehler im Original; M.S.]" Haim Saban, der „beim Besuch des Konzentrationslagers Dachau vom erfolgreichen Kaufabschluss [von der ProSiebenSat1Media AG; M.S.] über Handy informiert" worden sei – nach Watzal „eine Hollywood reife Szene".556 Saban, den Watzal als mächtig und einflussreich schilderte, bezeichne sich als „Ein-Themen-Mann",

---

555 Jürgen W. Gansel zit. n. o. A.(NDR Fernsehen): Geplante Skandale. Die NPD und ihre inszenierten Provokationen, auf http://www3.ndr.de/ndrtv_pages_std/0,3147,OID1000474_REF2488,00.html vom 30.1.2005. In einer Erklärung von Gansel vom 26.1.2005 heißt es: „Bombardierungen wie die Dresdens, die Churchill selbst wiederum laut dem Buch Kriegsende 1945 als ‚Terrorakte' und ‚zügellose Zerstörung' bezeichnete, verdienen sowohl in der Wortbedeutung von ‚Massenvernichtung' als auch von ‚Brandopfer' die Bezeichnung ‚Bomben-Holocaust'. Der Holocaust an den Juden wird damit in keinster [sic] Weise geleugnet, aber die Holocaust-Industrie (Norman Finkelstein) hat den Begriff Holocaust nicht gepachtet, er ist nicht ihr Begriffseigentum, er ist kein eingetragenes Warenzeichen und damit rechtlich nicht geschützt. Deshalb kann man auch tatsachengestützt von einem ‚Bomben-Holocaust' an den Deutschen sprechen." Jürgen W. Gansel: Erklärung des Landtagsabgeordneten Jürgen W. Gansel zu der Aktuellen Debatte anläßlich der Bombardierung Dresdens [Rechtschreibung im Original; M.S.], auf http://www.npd-sh.de/kommen/2004.htm vom 1.2.2005. Es sei erwähnt, dass diese Erklärung mit folgenden Sätzen endet: „Durch injizierte Schuldgefühle sollen die Deutschen moralisch gedemütigt, politisch bevormundet und finanziell ausgepreßt werden. […] Schluß mit Selbsterniedrigungsritualen und neurotischem Schuldkult. Wir wollen die Deutschen wieder den aufrechten Gang lehren." Ebd.
556 Vgl. Ludwig Watzal: Haim Saban, die Medien und Israel (Deutschlandradio Berlin 16.9.2004), auf http://www.dradio.de/dlr/sendungen/feuilleton/303812/ vom 30.9.2004.

sein Thema sei Israel. Er sei mit vielen prominenten Politikern befreundet, unter anderem mit dem ehemaligen US-Präsidenten Bill Clinton, dem damaligen demokratischen Präsidentschaftskandidaten John Kerry und dem damaligen israelischen Ministerpräsidenten Ariel Sharon. Watzal behauptete, dass es „ein zentrales Anliegen für Sabans Medienimperium" sein dürfte, das Image Israels in Europa zu verbessern.[557] Sabans „politisches Anliegen" sei es, „eine möglichst große Kontrolle über die Medien zu erlangen."[558] Und Watzal fragte Folgendes:

> „Kritisiert der amerikanische Politikwissenschaftler Norman Finkelstein nicht zu Recht, dass die Holocaust-Erinnerung für politische Ziele instrumentalisiert werde, um z. B. die israelische Okkupationspolitik und die damit einhergehenden Ungerechtigkeiten gegenüber den Palästinensern zu rechtfertigen? Die Eskapaden der so genannten Holocaust-Industrie sind jedenfalls ziemlich bizarr und eine Beleidigung für die Opfer der nationalsozialistischen Vernichtungspolitik. Die Aktionen Sabans haben aber nichts mit Verschwörungsdenken zu tun, sondern sie sind ein Beleg dafür, wie symbiotisch das Verhältnis von Macht und Geld ist."[559]

Nachdem die israelischen Tageszeitung Yedioth Aharonot über Watzals Beitrag als „scharfe antisemitische Attacke" berichtete und das American Jewish Committee – Berlin Office diesen in einem Brief an den Chefredakteur des Senders kritisiert hatte, distanzierte sich die Sendeleitung des DeutschlandRadios Berlin „ausdrücklich" von den Äußerungen.[560] Watzal selbst, so Die Welt, finde die Vorwürfe „grotesk". Immerhin räume er ein, „dass sein Verweis auf die Holocaust-Industrie ein ‚logischer Bruch ist und nicht konsistent'."[561] Offen bleibt, was Watzal mit dieser Andeutung vom „logischen Bruch" meint.

In einem späteren Interview mit der Tageszeitung (taz) räumte Watzal ein, dass er aufgrund seines „pragmatischen Ansatzes zu wenig Sensibilität in Bezug auf das Thema [Antisemitismus; M.S.] im Kontext der Bundesrepublik Deutschland" habe walten lassen.[562] Man habe aus seinem Text „Klischees herausextrahiert", die

---

557 Vgl. ebd.
558 Vgl. ebd.
559 Ebd. Dieser Beitrag wurde in einer veränderten Form in der Wochenzeitung „Freitag" wieder veröffentlicht, vgl. Ludwig Watzal: Machtbewusst und abgeklärt, in: Freitag vom 24.9.2004. Die zitierte Passage kommt darin allerdings nicht mehr vor.
560 Benedict Maria Mülder: Rassismus-Vorwurf gegen DeutschlandRadio Berlin. Kommentar löst Proteste auch in Israel aus, in: Die Welt vom 30.9.2004.
561 Ebd.
562 Vgl. Ludwig Watzal: „Eine Lobby ist legitim" (Interview), in: die tageszeitung vom 6.10.2004.

er keineswegs habe bedienen wollen.563 Und auf die Frage, „Sie haben Norman Finkelsteins These von der Holocaust-Industrie in ihrem Kommentar erwähnt, haben sie nicht auch impliziert, dass sie stimmt?" antwortete Watzal: „Finkelsteins These ist ja, das [sic] die so genannte Holocaust-Industrie die Naziverbrechen instrumentalisiere für politische Zwecke, insbesondere um Israel zu entlasten. Ich bin nicht dieser Meinung, aber einige Aktionen finde ich durchaus bizarr."564 Womit Watzal nicht gerade eine Zurückweisung der These der Existenz einer „Holocaust-Industrie" vorgenommen hatte.

Doch neben dieser bewussten Bezugnahme auf Finkelsteins „Holocaust-Industrie" und ihrer Verwendung gibt es auch Beispiele für den eher unbewusst wirkenden und nicht direkt auf Personen und Institutionen bezogenen Gebrauch des Terminus, der dabei nicht auf politischen „Raumgewinn" zielt, sondern zeigt, wie gedankenlos der Begriff mittlerweile z. T. verwendet wird. So etwa, wenn die Erziehungswissenschaftlerin Viola B. Georgi in einer anregenden Studie über Geschichtsbilder junger Migranten in Deutschland schreibt:

> „Die visuelle Sprache von Fernsehen und Kino sowie der neuen Medien (etwa die Geschichte des Holocaust auf CD-ROM) und andere Agenturen der ‚Holocaust-Industrie' verhandeln das Geschehen im Repräsentationsraum einer globalisierten Medienöffentlichkeit."565

Der Begriff und sein Inhalt scheinen ihrer Sanktionierungswürdigkeit aufgrund ihrer vormals klar geschichtsrevisionistischen Färbung entledigt worden zu sein, nun wurde seiner Verwendung, wenn auch nicht ohne Einsprüche, der Weg in die Mitte der Gesellschaft gebahnt. Damit haben sich aber auch die Inhalte dieser Chiffre ihrer bisherigen Anstössigkeit entledigt.

Finkelstein hat mit dem Begriff „Holocaust-Industrie" offenbar eine ressentimentvolle Grundstimmung und ein gesellschaftliches Klima eingefangen und verbalisierbar gemacht. Kritik bleibt nicht aus. Aber „auch in der kurzen Finkelstein-Kontroverse scheinen, trotz dieser Kritiken, insgesamt politisch-kulturelle Tabu- und Schamgrenzen weiter erodiert, und zwar als *Element* des zeitgenössischen Diskurses über den Holocaust."566 Auch Werner Bergmann vermutet in diesem Kontext eine „Erosion des Nachkriegskonsenses [..], Juden auf

---

563 Vgl. ebd.
564 Ebd.
565 Viola B. Georgi: Entliehene Erinnerung. Geschichtsbilder junger Migranten in Deutschland, Hamburg 2003, S. 15.
566 Rensmann, Judenbild, S. 440.

Grund der deutschen Vergangenheit eine besondere Rolle zuzubilligen."[567] Die Ergebnisse von Meinungsumfragen bestätigen dies, eine große Zahl der Deutschen behauptet etwa regelmäßig, Juden ziehen aus Erinnerung Gewinn. Der alleinige Anteil der Finkelstein-Debatte an dieser Erosion lässt sich nicht exakt feststellen, aber sie scheint doch klar dazu beigetragen zu haben. So kommt etwa Lars Rensmann zu dem Schluss: „Die Verursacher des Leids, diejenigen, die die Verbrechen begangen haben und deren Rechtsnachfolger sich ihrer Verantwortung entzogen haben, verschwinden hinter der Anklage gegen die jüdischen Mittler und Opfer."[568]

Walter Laqueur drückte seine Verwunderung über die Finkelstein-Debatte folgendermaßen aus:

„Die Tatsache, dass ein absurdes Buch wie das von Norman Finkelstein nicht nur von der Mehrzahl der Deutschen ernst genommen wurde und lange auf der Bestsellerliste erschien, musste zu Rückschlüssen führen über deutsche Meinungen und Stimmungen, die unterschwellig vorhanden waren, über die man in diplomatischen Kreisen nicht geredet hatte, die unter den meisten Gebildeten tabu gewesen waren, über die man aber jetzt endlich frei reden konnte. Ein Fenster war geöffnet worden, wie sich ein deutscher Literat ausgedrückt hatte, aber nicht der frischen Luft, sondern Gerüchen, die einer vergangenen Zeit angehörten. Es ist zu zeitig, darüber zu urteilen, ob es sich bei der Finkelstein-Affäre um eine vorübergehende Entgleisung handelt oder ob ein Wandel in der deutschen öffentlichen Meinung eingetreten ist, der letzthin politische Folgen haben wird."[569]

Jean Améry stellte im Jahr 1966 die bittere Prognose:

„Alles wird untergehen in einem summarischen ‚Jahrhundert der Barbarei'. Als die wirklich Unbelehrbaren, Unversöhnlichen, als die geschichtsfeindlichen Reaktionäre im genauen Wortverstande werden *wir* dastehen, die Opfer, und als Betriebspanne wird schließlich erscheinen, daß immerhin manche von uns überlebten."[570]

Mehr als sechzig Jahre nach Auschwitz bleibt es daran, alles zu tun, damit sich dies nicht bewahrheitet.

---

567 Bergmann, Haltung, 2004, S. 24.
568 Rensmann, Entschädigungspolitik, 2001, S. 134f.
569 Walter Laqueur: In Deutschland geboren. Amerikas Europapolitik lebte von den Emigranten – Ihr Abtreten wird das transatlantische Verhältnis verändern, in: Die Welt vom 5.7.2001.
570 Jean Améry: Ressentiments, in: Jean Améry Werke, herausgegeben von Irene Heidelberger-Leonhard, Band 2 (herausgegeben von Gerhard Scheit), Stuttgart 2002, S. 118–148, S. 146.

Abkürzungsverzeichnis

AJC	American Jewish Committee
ARD	Allgemeine Rundfunkanstalten Deutschland
BZ	Berliner Zeitung
CC	Jewish Material Claims Against Germany (Kurztitel: Claims Conference)
CDU	Christlich Demokratische Union
DVU	Deutsche Volksunion
FAZ	Frankfurter Allgemeine Zeitung
FR	Frankfurter Rundschau
JCC	siehe CC
JF	Junge Freiheit
KZ	Konzentrationslager
LRB	London Review of Books
NIT	Nationales Infotelefon
NPD	Nationaldemokratische Partei Deutschlands
NS	Nationalsozialismus
NSDAP/AO	Nationalsozialistische Deutsche Arbeiterpartei/Auslands- und Aufbauorganisation
OZ	Ostfriesen-Zeitung
PC	Political Correctness
PR	Public Relations
PVS	Politische Vierteljahresschrift
REP	Die Republikaner
SPD	Sozialdemokratische Partei Deutschlands
SWR	Südwestdeutscher Rundfunk
SZ	Süddeutsche Zeitung
taz	die tageszeitung
UdSSR	Union der Sozialistischen Sowjet-Republiken
USA	United States of America
USHMM	United States Holocaust Memorial Museum
ZDF	Zweites Deutsches Fernsehen
ZJD	Zentralrat der Juden in Deutschland

Bibliographie

Internet-Quellen und -Sekundärliteratur

Baars, Gerald: ‚Holocaust-Industry': Das umstrittene Buch von Norman Finkelstein, Reportage für die Tagesthemen am 11.8.2000, Skript auf: http://www.tagesschau.de/aktuell/meldungen/0,1|-185,OID1073440,00.html vom 19.7.2004

Beindorff, Karin: Norman G. Finkelstein, The Holocaust Industry. Reflections on the Exploitation of Jewish Suffering (Politische Literatur), Deutschandfunk, Manuskript vom 4.9.2000, 19.15 Uhr, dokumentiert auf http://www.dradio.de/cgi-bin/es/neu-lit-pol761.html vom 15.11.2003

Bendikowski, Tillman: Historikertag – Aufstand der Jungforscher, in: Spiegel Online 38/200 vom 20.9.2000 auf http://www.spiegel.de/wissenschaft/0,1518,94307,00html vom 10.12.2000

Dietzsch, Martin; Maegerle, Anton: Kampfbegriff aller Rechten. „Political Correctness" auf http://www.partisan.net/archive/trend/trend98/td/t340598.html vom 20.6.2001

Finkelstein, Norman G.: „Biography", auf: ders.: Homepage, http://www.normanfinkelstein|-com/id17.htm vom 19.1.2005

Finkelstein, Norman G.: „Die amerikanische Regierung ist außer Kontrolle" (Interview) auf www.faz.net vom 14.10.2002

Finkelstein, Norman G.: Zuckerbrot und Peitsche – die Hintergründe des Blutbades in Palästina (Gastbeitrag), auf www.faz.net vom 14.5.2002

Gansel, Jürgen W.: Erklärung des Landtagsabgeordneten Jürgen W. Gansel zu der Aktuellen Debatte anläßlich der Bombardierung Dresdens [Rechtschreibung im Original; M.S.], auf www.npd-sh.de/kommen/2004.htm vom 1.2.2005

Gutfeld, Arnold: The Rosenberg Case and the Jewish Issue, in: Stephen Roth Institute, Tel Aviv University (Hg.): Antisemitism Worldwide 2002/3 – Annual Report auf: http://www.tau.ac.il/anti-semitism/asw2002-3/gutfeld.htm vom 7.10.2004

Gutmair, Ulrich: Finkelstein bekräftigt seine Kritik an der „Holocaust-Industrie", in: Netzeitung vom 7.2.2001 auf http://www.netzeitung.de/servlets/page?section=784&item=129703 vom 8.2.2001

Hitchens, Christopher: Dead Souls, in: The Nation Nr. 25 vom 18.9.2000 (nach der Fassung auf http://www.normanfinkelstein.com/id68_m.htm vom 21.9.2000)
Irving, David: Documents on Norman Finkelstein's controversies (Real History and the Norman Finkelstein controversy) auf Ders.: Website, http://www.fpp.co.uk/auschwitz/finkelstein/ vom 1.3.2005
NDR: Geplante Skandale. Die NPD und ihre inszenierten Provokationen, auf www3.ndr.de/ndrtv_pages_std/0,3147,OID1000474_REF2488,00.html vom 30.1.2005
NPD Pankow: Holocaust-Industrie in Panik wegen Mahnmal-Konkurrenz, auf www.npd-pankow.de/images/schlagzeilen/006.php vom 1.2.2005
Pfahl-Traughber, Armin: Finkelsteins „Holocaust-Industrie" und der Antisemitismus (Neues von ganz rechts – Februar 2001), auf der Homepage des Dokumentationsarchivs des Österreichischen Widerstands, Wien, www.doew.at/projekte/rechts/chronik/2001_02/finkel.html vom 15.1.2004
Trösch, Thomas: Die Berliner Finkelstein-Debatte, in: Netzeitung vom 8.2.2001 auf http://www.netzeitung.de/spezial/zeitgeschichte/129829.html vom 30.10.2003
Verso-Verlag (London/New York): Homepage: http://www.versobooks.com/verso_info/about.shtml vom 19.1.2005
Watzal, Ludwig: Haim Saban, die Medien und Israel (Deutschlandradio Berlin 16.9.2004), auf www.dradio.de/dlr/sendungen/feuilleton/303812/ vom 30.9.2004

Beiträge aus Medien und Populär-Zeitschriften

Assmann, Aleida: Wir können nichts daraus lernen, in: SZ vom 10.2.2001
Augstein, Franziska: Statussymbol Opferstatus. Norman Finkelstein und Peter Novick im Streit über die Bedeutung des Holocaust, in: FAZ vom 9.2.2001
Augstein, Jakob: Am Tatort der Debatte, in: SZ vom 9.2.2001
Bach, Ingo: Das Symbol des absoluten Bösen. Peter Novick: Wie der Holocaust zur amerikanischen Erinnerung gemacht wurde, in: Der Tagesspiegel vom 9.2.2001
Bartov, Omer: A Tale of Two Holocausts, in: The New York Times vom 6.8.2000 (Übersetzung in: Konkret 10/2000, S. 54f.)
Behrensen, Arne: Die Finkelstein-Therapie, in: Jungle World 43/2002 vom 16.10.2002
Benz, Wolfgang: Fallstudie für den Psychotherapeuten, in: SZ vom 10.2.2001

Benz, Wolfgang: Reparationsleistungen für die jüdische Sache (Interview), in: BZ vom 4.2.2000

Bisky, Jens: Der Hass des linken Außenseiters, in: BZ vom 7.2.2001

Bisky, Jens: Staatsfrommes Gedenken. Norman G. Finkelsteins linke Abrechnung mit der „Holocaust-Industrie", in: BZ vom 26./27.8.2000

Blom, Philipp: Dachau meets Disneyland, in: BZ vom 11.8.2000

Böhme, Christian: Hier Bush, da Schröder. Warum der US-Politologe Norman Finkelstein Berlin lobt, in: Der Tagesspiegel vom 12.10.2002

Brenner, Michael: Warum man mit Finkelstein nicht diskutieren muss, in: Der Tagesspiegel vom 5.2.2001

Broder, Henryk M.: Auf Tour, in: Der Spiegel 6/2001 vom 5.2.2001, S. 83

Broder, Henryk M.; Wiegrefe, Klaus: Deutschland im Holo-Wahn, in: Der Spiegel 7/2001 vom 12.2.2001, S. 222–224

Brozik, Karl: „Wir haben die Zahl der Opfer noch unterschätzt" (Interview), in BZ vom 1./2.4.2000

Brozik, Karl: Gegendarstellung, in: BZ vom 1.2.2000

CDU zu Robbe: Schamloser Angriff, in: Ostfriesen-Zeitung vom 7.9.2000

Chomsky, Noam: o. T. in Debatte. „Kasino der Entschädigungen" und „Antisemitischer Jude?", in: Die Woche vom 28.7.2000

Cohen, Roger: Book Calling Holocaust a Shakedown Starts a German Storm, in: The New York Times vom 8.2.2001

Da.: Der Zorn der Mutter. Das politische Buch, in: Südwest Presse – Schwäbische Donau Zeitung vom 12.2.2001

Der Spiegel: „Alles und nichts erklärt", in: Der Spiegel 34/1997 vom 18.8.1997, S. 56–62

Der Spiegel: „Holocaust als Andachtsbild". Interview mit NS-Expertin Ruth Bettina Birn über Daniel Goldhagens Attacken auf Kritiker, in: Der Spiegel 46/1997 vom 10.11.1997, S. 266f.

Der Spiegel: Goldhagen – ein Quellentrickser?, in: Der Spiegel 33/1997 vom 11.8.1997, S. 156–158

Die Welt: Vorbemerkung zum Interview mit Peter Novick: „Finkelstein hat meine Arbeit ausgebeutet", in: Die Welt vom 8.2.2001

Diverse: Controversy – Holocaust Reparations – Gabriel Schoenfeld & Critics, in: Commentary, Bd. 111, H. 1 (2001), S. 10–21

Diverse: Debatte. „Kasino der Entschädigungen" und „Antisemitischer Jude?", in: Die Woche vom 28.7.2000

dpa: Bitterer Beigeschmack. Vorbehalte gegen Finkelstein-Buch, in: SZ vom 29.9.2000

Dürr, Tobias: Finkelsteins Fragen, in: Die Zeit 33/2000 vom 10.8.2000
edo: Historikertag, in: SZ vom 26.9.2000
Elfenbein, Stefan: Schwere Vorwürfe gegen Jewish Claims Conference, in: BZ vom 28.1.2000
Emnid-Umfrage für den Spiegel vom 6. und 7. Februar, in: Der Spiegel 7/2001 vom 12.2.2001, S. 224
Finkelstein, Norman G.: „The business of death" und „Swiss toll" (Auszüge aus seinem Buch ‚The Holocaust-Industry') in: The Guardian vom 12.07 und 13.07.2000
Finkelstein, Norman G.: Daniel Jonah Goldhagen's ‚Crazy' Thesis. A Critique of 'Hitler's Willing Executioners', in: New left review, Number 224, July/August 1997, S. 39–87
Finkelstein, Norman G.: Der Bote ist der Schuldige. Verschwörungstheorien oder Tabubruch?, in: SZ vom 9./10.9.2000
Finkelstein, Norman G.: Die Ausbeutung jüdischen Leidens (Interview), in: BZ vom 29./30.1.2000
Finkelstein, Norman G.: Die Schindluder-Liste (Interview), in: Neue Revue Nr. 12 vom 16.3.2000, S. 12f
Finkelstein, Norman G.: Ein Mann sieht rot. Norman Finkelstein über „Holocaust-Industrie" und Gedächtniskultur in Deutschland und Amerika (Interview), in: Die Welt vom 6.2.2001
Finkelstein, Norman G.: Geschäft mit dem Leid? Die Holocaust-Industrie, in: SZ vom 11.8.2000
Fokken, Bernhard: Hilflos (OZ-Kommentar), in: OZ vom 5.9.2000
Frei, Norbert: Abschied von den Zeitgenossen. Erbantritt – Nationalsozialismus und Holocaust im Generationswechsel, in: SZ vom 9.9.2000
Freund, Michael: Applaus von richtiger und falscher Seite, in: Der Standard vom 24.8.2000
Fuhr, Eckhard: Lärmendes Spektakel, in: Die Welt vom 12.2.2001
Heilbrunn, Jacob: Deutsche gegen Deutsche. Schluss mit den Stellvertreterdebatten, in: SZ vom 26.8.2000
Heilbrunn, Jacob: Norman Finkelsteins Buch „The Holocaust Industry" macht in Deutschland Furore, in: Der Tagesspiegel vom 21.8.2000
Herbert, Ulrich: Nahrung für den Widerwillen. Über den Holocaust wurde zu sehr politisch-moralisch diskutiert, in: SZ vom 10.2.2001
Herbert, Ulrich: Rückkehr in die blühende Völkergemeinschaft, in: BZ vom 12.2.2000
Herbert, Ulrich: Vorschnelle Begeisterung – ein kritikwürdiges Buch, eine nützliche Provokation: Über die Thesen Finkelsteins, in: SZ vom 18.8.2000

Hilberg, Raul: Fakten und Folgerungen (Interview), in: FR vom 22.2.2001
Hilberg, Raul: Rücksicht auf die Verbündeten (Interview), in: BZ vom 4.9.2000
Jäger, Lorenz „Wir bitten um Rückgabe. Abgesetzt: Ein SWR-Film über die Finkelstein-Debatte", in: FAZ vom 5.2.2001
Jäger, Lorenz: Das Leid, der Kitsch und das Geld. Norman G. Finkelsteins Angriff auf die „Holocaust-Industrie": Kam die Wiedergutmachung den Überlebenden zugute?, in: FAZ vom 14.8.2000
Jäger, Lorenz: Die Antwort. Norman G. Finkelstein und die Jewish Claims Conference, in: FAZ vom 26.8.2000
Jäger, Lorenz: Falsche Leser. Der Schwarze Peter geht um: Finkelstein, für die anderen, in: FAZ vom 13.9.2000
Jäger, Lorenz: Finkelstein II. Auch „Commentary" kritisiert die Entschädigungspolitik, in: FAZ vom 31.8.2000
Jeismann, Michael: Eine Welt. Finkelstein und Novick als Zeugen einer globalen Kultur, in: FAZ vom 10.2.2001
Jeismann, Michael: In der Feind-Falle. Der überarbeitete Film über die Thesen Finkelsteins im Fernsehen, in: FAZ vom 12.2.2001
Junker, Detlev: Die Amerikanisierung des Holocaust. Über die Möglichkeit, das Böse zu externalisieren und die eigene Mission fortwährend zu erneuern, in: FAZ vom 9.9.2000
Kallina, Bernd: Du sollst vergleichen!, in: Rheinischer Merkur vom 25.8.2000
Kohlenberg, Kerstin: Ein Film ohne Skandal. Warum der SWR einen Film über die „Holocaust Industrie" aus dem Programm nahm, in: Der Tagesspiegel vom 5.2.2001
Korn, Salomon: „Wasser auf die Mühlen der Antisemiten" (Interview), in: Allgemeine Jüdische Wochenzeitung Nr. 18/2000 vom 31.8.2000
Korn, Salomon: Tabubruch mit Zuschauer. Norman Finkelstein und sein Publikum, in: FAZ vom 22.8.2000
Laqueur, Walter: Finkelsteins Verschwörungstheorien. Eine antiisraelische Polemik zum Nahostkonflikt, in: Neue Zürcher Zeitung vom 5.10.2002
Laqueur, Walter: In Deutschland geboren. Amerikas Europapolitik lebte von den Emigranten – Ihr Abtreten wird das transatlantische Verhältnis verändern, in: Die Welt vom 5.7.2001
Laqueur, Walter: In Deutschland geboren. Amerikas Europapolitik lebte von den Emigranten – Ihr Abtreten wird das transatlantische Verhältnis verändern, in: Die Welt vom 5.7.2001
Leggewie, Claus: On Tour. Histotainment und Debatte, in: FR vom 10.2.2001
Lerch, Wolfgang Günter: Von der Landnahme zum Staat. Finkelsteins Analyse des Nahost-Konflikts provoziert die Israelis, in: FAZ vom 8.10.2002

Lindke, Stefan; Speit, Andreas: Hamburger Zeichen, in: Der Rechte Rand Nr. 87, März/April 2004, S. 17–18

Longerich, Peter: Ein Mann sieht rot. Norman Finkelstein und seine „Holocaust-Industrie", in: FR vom 22.8.2000

Maier, Charles: Das Spiel finsterer Mächte? Eine Erwiderung auf Norman Finkelstein, in: SZ vom 16.8.2000

Mendelsohn, Tina: „Nicht besonders rational" (Interview), in: taz vom 5.2.2001

Mommsen, Hans: Antisemitische Ressentiments, in: SZ vom 10.2.2001

Mönninger, Michael: Historikerstreit, in: BZ vom 1./2.4.2000

Mönninger, Michael: Tabubruch, in: BZ vom 29./30.1.2000

Mülder, Benedict Maria: Rassismus-Vorwurf gegen DeutschlandRadio Berlin. Kommentar löst Proteste auch in Israel aus, in: Die Welt vom 30.9.2004

Müller, Volker: Amerikanische Tabubrüche, in: BZ vom 8.2.2001

Nadolny, Sten: Abstand vom Holocaust. Finkelsteins Mut und seine Fehler, in: FAZ vom 15.2.2001

Niemann, Viktor: „Heftige Reaktionen" (Interview), in: Der Spiegel 37/2000 vom 11.9.2000, S. 227

Niemann, Viktor: Darf man Finkelstein verlegen, Herr Niemann? Verleger-Frage, in: Die Welt vom 23.9.2000

No Schmooze with the Jews, in: The Economist vom 6.4.2002

Novick, Peter: Das absolute Böse und die geringeren Übel, in: SZ vom 8.1.2000

Novick, Peter: Hasstiraden eines Besessenen. Der amerikanische Historiker Peter Novick über Norman Finkelsteins Pamphlet „The Holocaust Industry", in: Die Welt vom 4.9.2000

Novick, Peter: Offene Fenster und Türen. Über Norman Finkelsteins Kreuzzug, in: SZ vom 6.2.2001

Pally, Marcia: Tanz mit der Besonderheit. Wer fürchtet Norman Finkelstein?, in: SZ vom 22.8.2000

Pelinka, Anton: Korrekt ist nicht korrekt, in: Die Presse vom 7.6.2002

Rayner, Jay: Finkelstein's list, in: The Observer vom 16.07.2000

Reents, Edo: Eine Geschichte. Unruhige Tage in Aachen: Der 43. Historikertag, in: SZ vom 2.10.2000

Rosenfeld, Alvin H.: The Americanization of the Holocaust, in: Commentary, Bd. 99, H. 6 (1995), S. 35–40

Ross, Jan: Was ist politisch korrekt?, in: Die Zeit 23/2002 vom 29.5.2002

Rüdenholz, Ulla: Leserbrief, in: SZ vom 23.9.2000

Rürup, Reinhard: Ideologisierter Holocaust? Was Norman Finkelsteins Vorwurf für die deutschen Gedenkstätten bedeutet, in: Die Zeit 34/2000 vom 17.8.2000

Rürup, Reinhard: Umkämpfte Erinnerung, in: Die Zeit 7/2001 vom 8.2.2001
Schirrmacher, Frank: Verdreht. Ein Streit um Goldhagen, in: FAZ vom 19.8.1997
Schmid, Christof: Ich habe diesen Film gewollt, in: FAZ vom 6.2.2001
Schmidt, Christian: Leserbrief, in: SZ vom 23.9.2000
Schmitt, Uwe: Ein Provokateur, um den es einsam wird: Norman Finkelstein, in: Die Welt vom 25.8.2000
Schmitt, Uwe: Kurzer Prozess: In den USA gab es keine Debatte um Finkelsteins Thesen, in: Die Welt vom 7.2.2001
Schobert, Alfred: „Mit der Holocaust-Keule viel Geld abzocken", in: Allgemeine Jüdische Wochenzeitung 7/2001 vom 20.3.2001
Schoenfeld, Gabriel: Holocaust Reparations – A Growing Scandal, in: Commentary, Bd. 110, H. 2 (2000), S. 25–34 (Kurzfassung: Zeit der Besinnung. Der Skandal um die Holocaust-Entschädigungen wird immer größer, in: SZ vom 13.9.2000)
Schweitzer, Eva: Wie kommt das Geld zu den Opfern?, in: Der Tagesspiegel vom 6.3.2000
Seligmann, Rafael: Behauptungen ohne Beweise. Zu den Vorwürfen gegen die Jewish Claims Conference, in: BZ vom 8.2.2000
Seligmann, Rafael: Wird der Holocaust vermarktet?, in: Welt am Sonntag vom 23.7.2000
Siemer, Alex: Endlich den Menschen in den Mittelpunkt stellen (Leserbrief), in: OZ vom 9.9.2000
Steinbach, Peter: Vorwärts in die fünfziger Jahre, in: Der Tagesspiegel vom 10.2.2001
Steinberger, Petra: IM PROFIL. Norman Finkelstein – Amerikanischer Politologe und Kritiker der Holocaust-Industrie, in: SZ vom 12/13.8.2000
Steinberger, Petra: Reden oder nicht reden. Hier wird Norman Finkelstein diskutiert, in Amerika nicht – Was deutsche Historiker davon halten, in: SZ vom 14.9.2000
Steinberger, Petra: Verstörungstheorie. Finkelstein des Anstoßes: Was bringt die Debatte?, in: SZ vom 2.9.2000
Stiller, Michael: Hohn aus sicherer Deckung. Anonyme Rechtsextremisten zum Anschlag von Düsseldorf, in: SZ vom 6.10.2000
SZ: Einleitungstext zu: Geschäft mit dem Leid? Die Holocaust-Industrie, in: SZ vom 11.8.2000
Sznaider, Natan: Wahl der Waffen. Norman Finkelstein und das Einrennen offener Türen, in: SZ vom 24.8.2000
Ullrich, Volker: Vielstimmig. Warum die Absetzung der TV-Dokumentation über Finkelstein falsch ist, in: Die Zeit 7/2001 vom 8.2.2001

Ullrich, Volker: Widerwärtig. Norman Finkelstein und das Gespenst einer jüdischen Verschwörung, in: Die Zeit 36/2000 vom 31.8.2000
Uthmann, Jörn von: Völkerpsychologie, in: Der Tagesspiegel vom 16.4.1996
Wallraff, Lukas: Finkelstein auf dem Index?, in: taz vom 31.8.2000
Watzal, Ludwig: „Eine Lobby ist legitim" (Interview), in: taz vom 6.10.2004
Watzal, Ludwig: Machtbewusst und abgeklärt, in: Freitag vom 24.9.2004
Watzal, Ludwig: Mythos Israel. Norman G. Finkelstein attackiert den Zionismus als Ideologie, in: Der Tagesspiegel vom 9.10.2002
Werneburg, Brigitte: Aus der Debattenindustrie, in: taz vom 7.8.2000
Werneburg, Brigitte: Du sollst Bücher nicht indizieren, in: taz vom 2.9.2000
Widmann, Arno: Einige Sätze stören, in: BZ vom 12.2.2001
Winter, Leon de: Der Groll des Sohnes, in: Der Spiegel 35/2000 vom 28.8.2000, S. 198–200
ZDF-Nachtstudio, Folge 103 vom 8.2.2001
Zipperstein, Steven J.: Profit and Loss, in: The Washington Post vom 24.9.2000
Zizek, Slavoj: Du sollst dir Bilder machen! Der Holocaust zwischen Schweigen und Lachen, in: SZ vom 31.8.2000

Quellen und Sekundärliteratur

Adorno, Theodor W.: Schuld und Abwehr, in: ders.: Gesammelte Schriften Bd. 9.2: Soziologische Schriften II.2 (GS 9.2), Lizenzausgabe, Darmstadt 1998, S. 147–324
Adorno, Theodor W.: Zur Bekämpfung des Antisemitismus heute, in: ders.: GS 20.1, S. 360–383
Adorno, Theodor W.; Horkheimer, Max: Vorwort, in: Massing, Paul W.: Vorgeschichte des politischen Antisemitismus (Frankfurter Beiträge zur Soziologie Bd. 8), Frankfurt am Main 1959, S. V-VIII
Améry, Jean: Ressentiments, in: Jean Améry Werke, herausgegeben von Irene Heidelberger-Leonhard, Band 2, hg. von Gerhard Scheit, Stuttgart 2002, S. 118–148
Arad, Gulie Ne'eman: Der Holocaust in der amerikanisierten Erinnerung, in: Koch, Gertrud (Hg.): Bruchlinien. Tendenzen der Holocaustforschung, Köln u. a. 1999, S. 231–252
Arad, Gulie Ne'eman: Nationalsozialismus und Zweiter Weltkrieg. Berichte zur Geschichte der Erinnerung – USA, in: Knigge, Volkhard; Frei, Norbert (Hg.) (unter Mitarbeit von Anett Schweitzer): Verbrechen erinnern. Die Auseinandersetzung mit Holocaust und Völkermord, München 2002, S. 199–219

Assmann, Aleida; Frevert, Ute: Geschichtsvergessenheit – Geschichtsversessenheit: Vom Umgang mit deutschen Vergangenheiten nach 1945, Stuttgart 1999
Behrensen, Arne: Finkelsteins Feldzug und seine deutschen Fans, Referat in Göttingen am 27. Juni 2001, Vortragsmanuskript
Behrensen, Arne: The Holocaust Industry – Eine deutsche Debatte, in: Piper, Ernst (Hg.): Gibt es wirklich eine Holocaust-Industrie? Zur Auseinandersetzung um Norman Finkelstein, Zürich 2001, S. 15–43
Benz, Wolfgang: Was ist Antisemitismus?, Bonn 2004 (Lizenzausgabe für die Bundeszentrale für politische Bildung)
Berenbaum, Michael: After tragedy and triumph. Essays in Modern Jewish thought and the American experience, Cambridge 1990
Berg, Manfred: Die innere Entwicklung: Vom Zweiten Weltkrieg bis zur Watergate-Krise 1974, in: Adams, Willi Paul; Lösche, Peter (Hg.) (unter Mitarbeit von Anja Ostermann): Länderbericht USA. Geschichte-Politik-Geographie-Wirtschaft-Gesellschaft-Kultur, 3., aktualisierte und neu bearbeitete Auflage, Bonn 1998, S. 144–168
Bergmann, Werner: Die Haltung der deutschen Bevölkerung zur Wiedergutmachung, in: Brozik, Karl; Matschke, Konrad: Claims Conference. Luxemburger Abkommen 50 Jahre Entschädigung für NS-Unrecht, Frankfurt am Main, S. 16–24
Birn, Ruth Bettina: Revising the Holocaust, in: The historical journal, Bd. 40, H. 1 (1997), S. 195–216
Birn, Ruth Bettina; Finkelstein, Norman G.: A nation on trial. The Goldhagen thesis and historical truth, New York 1998 (Deutsche Übersetzung: Eine Nation auf dem Prüfstand. Die Goldhagen-These und die historische Wahrheit. Mit einer Einleitung von Hans Mommsen, Hildesheim 1998)
Bodemann, Y. Michal: Gedenk-Kultur als säkulare Religion. Zur Debatte um Peter Novicks Buch ‚Nach dem Holocaust', in: ders.: In den Wogen der Erinnerung. Jüdische Existenz in Deutschland, München 2002, S. 110–121
Brinkmann, Tobias: Amerika und der Holocaust: Die Debatte über die ‚Amerikanisierung des Holocaust' in den USA und ihre Rezeption in Deutschland, in: Neue Politische Literatur, Jg. 48, H. 2 (2003), S. 251–270
Broder, Henryk M.: Der ewige Antisemit. Über Sinn und Funktion eines beständigen Gefühls, Frankfurt am Main 1986
Brumlik, Micha: Die Graduierung des Grauens. Zum geschichtsphilosophischen Hintergrund der neuen Debatte über die Holocaust-Erinnerung, in: Surmann, Rolf: Finkelstein-Alibi. „Holocaust-Industrie" und Tätergesellschaft, Köln 2001, S. 86–90

Brunssen, Frank: Das neue Selbstverständnis der Berliner Republik, in: Aus Politik und Zeitgeschichte B 1–2/2001, S. 6–14

Cesarani, David: Is There, and Has There Ever Been, a „Holocaust Industry"?, in: Caune, Andris; Stranga, Aivars; Vestermanis, Marģers (Hg.): Holokausta izpētes problēmas Latvijā/The Issues of the Holocaust Research in Latvia. Latvijas vēsturnieku komisijas raksti, 2. sējums (Latvijas Vēstures institūta apgāds), Rīga 2001, S. 83–99

Claussen, Detlev: Nach Auschwitz kein Gedicht?, in: Welzer, Harald (Hg.): Nationalsozialismus und Moderne, Tübingen 1993, S. 240–247

Conference on Jewish Material Claims Against Germany (CC): Claims Conference Response to Finkelstein's Allegations in 'The Holocaust Industry', July 10, 2000

Diederichsen, Diedrich: Politische Korrekturen, Köln 1996

Diekmann, Irene; Schoeps, Julius H. (Hg.): Das Wilkomirski-Syndrom. Eingebildete Erinnerung oder Von der Sehnsucht, Opfer zu sein, Zürich 2002

Dietzsch, Martin u. a. (Hg.): Nation statt Demokratie. Sein und Design der ‚Jungen Freiheit', Duisburg 2003

Diner, Dan (Hg.): Ist der Nationalsozialismus Geschichte? Zu Historisierung und Historikerstreit, Frankfurt am Main 1987

Diner, Dan: Negative Symbiose, in: ders. (Hg.): Ist der Nationalsozialismus Geschichte? Zu Historisierung und Historikerstreit, Frankfurt am Main 1987, S. 185–197

dpa: Thema oder Tabu? Deutsche Historiker uneinig über Debatte zur „Holocaust-Industrie", in: OZ vom 27.9.2000

Druwe, Ulrich unter Mitarbeit von Susanne Mantino: „Rechtsextremismus". Methodologische Bemerkungen zu einem politikwissenschaftlichen Begriff, in: Falter, Jürgen u. a. (Hg.): Rechtsextremismus. Ergebnisse und Perspektiven der Forschung, PVS-Sonderheft 27/1996, S. 66–80

Einleitung, in: Michael Klundt u.a.: Erinnern, verdrängen, vergessen, Geschichtspolitische Wege ins 21. Jahrhundert, Giessen 2003

Finkelstein, Norman G.: Daniel Goldhagens „Wahnsinnsthese": ‚Hitlers willige Vollstrecker' – eine Kritik, in: Birn, Ruth Bettina; Finkelstein, Norman G.: Eine Nation auf dem Prüfstand. Die Goldhagen-These und die historische Wahrheit. Mit einer Einleitung von Hans Mommsen, Hildesheim 1998, S. 23–136

Finkelstein, Norman G.: Die Holocaust-Industrie. Wie das Leiden der Juden ausgebeutet wird, ungekürzte, mit einem Vorwort versehene Taschenbuchausgabe, München 2002

Finkelstein, Norman G.: Die Holocaust-Industrie. Wie das Leiden der Juden ausgebeutet wird, München 2001

Finkelstein, Norman G.: How the Arab-Israeli War of 1967 gave birth to a memorial industry, in: LRB vom 6.1.2000, S. 33–36

Finkelstein, Norman G.: Image and reality of the Israel-Palestine conflict, London/New York 1995 (deutsche Übersetzung: Der Konflikt zwischen Israel und den Palästinensern. Mythos und Realität, Kreuzlingen/München 2002)

Finkelstein, Norman G.: The Holocaust Industry. Reflections on the Exploitation of Jewish Suffering, London/New York 2000

Finkelstein, Norman G.: The rise and fall of Palestine. A personal account of the Intifada years, Minneapolis 1996 (Deutsche Übersetzung: Palästina. Ein persönlicher Bericht über die Intifada, Kreuzlingen/München 2003)

Finkelstein, Norman G: From the jewish question to the jewish state, Politics Department, Princeton University 1987

Flanzbaum, Hilene (Hg.): The Americanization of the Holocaust, Baltimore 1999

Frei, Norbert: Vergangenheitspolitik. Die Anfänge der Bundesrepublik und die NS-Vergangenheit, München 1999

Friedlander, Henry: Darkness and Dawn in 1945. The Nazis, the Allies, and the Survivors, in: United States Holocaust Memorial Museum: 1945 – The Year of Liberation, Washington 1995, S. 11–35

Geisel, Eike: Triumph des guten Willens. Gute Nazis und selbsternannte Opfer – Die Nationalisierung der Erinnerung, Berlin 1998

Georgi, Viola B.: Entliehene Erinnerung. Geschichtsbilder junger Migranten in Deutschland, Hamburg 2003

Giordano, Ralph: Die zweite Schuld oder Von der Last Deutscher zu sein, Hamburg 1987

Goldhagen, Daniel Jonah: Hitler's willing executioners. Ordinary Germans and the Holocaust, New York 1996 (Deutsche Übersetzung: Hitlers willige Vollstrecker. Ganz gewöhnliche Deutsche und der Holocaust, Berlin 1996)

Heil, Johannes; Erb, Rainer Erb (Hg.): Geschichtswissenschaft und Öffentlichkeit. Der Streit um Daniel J. Goldhagen, Frankfurt am Main 1998

Henningsen, Manfred: Der Ort des Holocaust in der amerikanischen Ökonomie des Bösen, in: Trommler, Frank; Shore, Elliot (Hg.): Deutsch-amerikanische Begegnungen. Konflikt und Kooperation im 19. und 20. Jahrhundert, Stuttgart und München 2001, S. 251–267

Hesse, Klaus; Springer, Philipp: Vor aller Augen. Fotodokumente des nationalsozialistischen Terrors in der Provinz, Essen 2002

Heyl, Matthias: Von den Metaphern und der geteilten Erinnerung – Auschwitz, Holocaust, Schoah, Churban, „Endlösung", in: Schreier, Helmut; Heyl, Matthias

(Hg.): Die Gegenwart der Schoah. Zur Aktualität des Mordes an den europäischen Juden, Hamburg 1994

Hirseland, Andreas; Schneider, Werner: Wahrheit, Ideologie und Diskurse. Zum Verhältnis von Diskursanalyse und Ideologiekritik, in: Keller, Reiner u. a. (Hg.): Handbuch Sozialwissenschaftliche Diskursanalyse, Band 1: Theorien und Methoden, Opladen 2001, S. 373–402

Jäger, Siegfried: Bemerkungen zur Durchführung von Diskursanalysen. Vortrag auf der Tagung „>Das große Wuchern des Diskurses.< Der Diskurs als unberechenbares Ereignis" am 3. und 4. Juli 1997 in der Universität GH Paderborn (Fachbereich Sozialwissenschaften. Leitung: Hannelore Bublitz), auf www.uni-duisburg.de/diss/ vom 10.2.2004

Jäger, Siegfried: Kritische Diskursanalyse. Eine Einführung, 2. überarbeitete und erweiterte Auflage, Duisburg 1999

Kautz, Fred: Gold-Hagen und die „Hürnen Sewfriedte". Die Holocaust-Forschung im Sperrfeuer der Flakhelfer, Hamburg 1998

Kellershohn, Helmut (Hg.): Das Plagiat. Der völkische Nationalismus der Jungen Freiheit, Duisburg 1994

Knütter, Hans-Helmuth: Die Faschismus-Keule. Das letzte Aufgebot der deutschen Linken, Frankfurt am Main u. a. 1993

Kohlstruck, Michael: Erinnerungspolitik. Kollektive Identität, Neue Ordnung, Diskurshegemonie, in: Schwelling, Birgit (Hg.): Politikwissenschaft als Kulturwissenschaft, Wiesbaden 2004, S. 173–193

Küntzel, Matthias u. a.: Goldhagen und die deutsche Linke – oder: Die Gegenwart des Holocaust, Berlin 1997

Lipstadt, Deborah E.: Leugnen des Holocaust. Rechtsextremismus mit Methode, Reinbek bei Hamburg 1996

Löwenthal, Leo: Falsche Propheten. Studien zum Autoritarismus (Schriften Band 3), Frankfurt am Main 1990 [1982]

Lühe, Barbara von der: Was ist eine „Holocaust-Industrie"? Norman G. Finkelstein und Peter Novick in Berlin, in: Tribüne – Zeitschrift zum Verständnis des Judentums, 40. Jg., H. 157 (2001), S. 38–42

Marchart, Oliver: Umkämpfte Gegenwart. Der „Zivilisationsbruch Auschwitz" zwischen Singularität, Partikularität, Universalität und der Globalisierung der Erinnerung, in: Uhl, Heidemarie (Hg.): Zivilisationsbruch und Gedächtniskultur. Das 20. Jahrhundert in der Erinnerung des beginnenden 21. Jahrhunderts, Innsbruck 2003, S. 35–65

Matz, Reinhard: Die unsichtbaren Lager. Das Verschwinden der Vergangenheit im Gedenken (Fotografien), Reinbek bei Hamburg 1993

Mendelsohn, Tina: „Holocaust-Industrie" – Ein Buch, ein Skandal (Film-Dokumentation mit anschließender Dokumentation), Ausstrahlung am 10.2.2001, SWR, Stuttgart 2001, auch als Manuskript vorhanden

Mommsen, Hans: Einleitung, in: Birn, Ruth Bettina; Finkelstein, Norman G.: Eine Nation auf dem Prüfstand. Die Goldhagen-These und die historische Wahrheit. Mit einer Einleitung von Hans Mommsen, Hildesheim 1998, S. 9–22

Niemann, Viktor: Der Fall Finkelstein, in: Buchmarkt November 2000, S. 88–89

Novick, Peter: The Holocaust in American Life, Boston/New York 1999 (Deutsche Übersetzung: Nach dem Holocaust. Der Umgang mit dem Massenmord, Stuttgart/München 2001)

Novick, Peter: USA, in: Knigge, Volkhard; Frei, Norbert (Hg.) (unter Mitarbeit von Anett Schweitzer): Verbrechen erinnern. Die Auseinandersetzung mit Holocaust und Völkermord, München 2002, S. 288–297

Pollak, Alexander; Schiedel, Heribert: Nationaler Schulterschluss gegen die Erinnerung. Über Aktualität und politische Opportunität von Burgers Philosophie des Vergessens, in: Context XXI, Nr. 7–8/01 \ 1/02 – Sonderheft: Siegfrieds Köpfe. Rechtsextremismus, Rassismus und Antisemitismus an der Universität, S. 73–80

Reichel, Peter: Vergangenheitsbewältigung in Deutschland. Die Auseinandersetzung mit der NS-Diktatur von 1945 bis heute, München 2001

Rensmann, Lars: Demokratie und Judenbild. Antisemitismus in der politischen Kultur der Bundesrepublik Deutschland, Wiesbaden 2004

Rensmann, Lars: Entschädigungspolitik, Erinnerungsabwehr und Motive des sekundären Antisemitismus, in: Surmann, Rolf: Finkelstein-Alibi. „Holocaust-Industrie" und Tätergesellschaft, Köln 2001, 2001, S. 126–153

Robbe, Reinhold: „Neo-Nazis würden sich die Hände reiben". Robbe fordert vom Piper-Verlag Verzicht auf Finkelstein-Buch, Pressemitteilung vom 3.9.2000

Rosenfeld, Alvin H.: The Assault on Holocaust Memory, in: The American Jewish Year Book, Bd. 101 (2001)

Rosenfeld, Gavriel D.: The Politics of Uniqueness. Reflections on the Recent Polemical Turn in Holocaust and Genocide Scholarship, in: Holocaust and Genocide Studies: An International Journal, Bd. 13(1), H. 1 (1999), S. 28–61

Roth, Philip: Mein Mann, der Kommunist, 3. Auflage, Reinbek bei Hamburg 2003 (Originalausgabe: ders.: I Married a Communist, Boston 1998)

Ruoff, Alexander: Verbiegen, Verdrängen, Beschweigen: die Nationalgeschichte der ‚Jungen Freiheit', Münster 2001

Sagi, Nana: Die Rolle der jüdischen Organisationen in den USA und die Claims Conference, in: Herbst, Ludolf; Goschler, Constantin (Hg.): Wiedergutmachung in der Bundesrepublik Deutschland (Sondernummer der Schriftenreihe der Vierteljahrshefte für Zeitgeschichte), München 1989, S. 99–118

Schobert, Alfred: „Ein Jude spricht die Deutschen frei". Norman G. Finkelstein im Diskurs der Rechten, in: Dietzsch, Martin; Schobert, Alfred (Hg.): Ein „jüdischer David Irving"? Norman G. Finkelstein im Diskurs der Rechten – Erinnerungsabwehr und Antizionismus, Duisburg 2001, S. 5–29

Schobert, Alfred: „Holocaust-Industrie". Kulturkritik oder Koschermachen einer neonazistischen Propagandaformal?, in: Jäger, Siegfried; Paul, Jobst (Hg.): „Diese Rechte ist immer noch Bestandteil unserer Welt". Aspekte einer neuen konservativen Revolution, Duisburg 2001, S. 77–101

Schobert, Alfred: „Holocaust-Industrie". Kulturkritik oder Koschermachen einer neonazistischen Propagandaformel?, in: Jäger, Siegfried; Paul, Jobst (Hg.): „Diese Rechte ist immer noch Bestandteil unserer Welt" – Aspekte einer neuen Konservativen Revolution, Duisburg 2001, S. 77–101

Schobert, Alfred: Von Walser zu Finkelstein. Neue Etappen der Geschichtspolitik – Und die Rolle der Universitäten?, in: Studentischer Sprecherrat der Universität München (Hg.): Alte Herren – Neue Rechte. Rechte Normalität in Hochschule und Wissenschaft, Münster 2002, S. 33–54

Schoeps, Julius H. (Hg.): Ein Volk von Mördern? Die Dokumentation zur Goldhagen-Kontroverse um die Rolle der Deutschen im Holocaust, 4. Aufl., Hamburg 1996

Schoeps, Julius H.: Die deutsch-jüdische Anormalität. Norman G. Finkelstein, die Nachgeborenen und die paranoiden Züge unserer Gedenkkultur, in: Diekmann, Irene; Schoeps, Julius H.: (Hg.): Das Wilkomirski-Syndrom. Eingebildete Erinnerungen oder Von der Sehnsucht, Opfer zu sein, Zürich/München 2002, S. 273–287

Schönbach, Peter: Reaktionen auf die antisemitische Schmierwelle im Winter 1959/1960 (Frankfurter Beiträge zur Soziologie – Sonderheft 3), Frankfurt am Main 1961

Seligmann, Rafael: Viel Lärm um nichts? Norman Finkelsteins „Holocaust-Industrie", in: Universitas – Orientierung in der Wissenswelt, 56. Jg., Nr. 656, Februar 2001, S. 177–180

Seltzer, Robert M.; Cohen, Norman J. (Hg.): The Americanization of the Jews, New York 1995

Shafir, Shlomo: Ambigous relations. The American Jewish community and Germany since 1945, Detroit 1999

Shandler, Jeffrey: While America Watches. Televising the Holocaust, New York 1999

Spataro, Mario: Olocausto: Dal dramma al business? Riflessioni sugli scritti di Norman G. Finkelstein, Roma 2000
Speit, Andreas: Jargon der Tabubrecher. Norman G. Finkelsteins Rezeption in der Jungen Freiheit, in: Surmann, Rolf: Finkelstein-Alibi. „Holocaust-Industrie" und Tätergesellschaft, Köln 2001, S. 154–172
Speit, Andreas: Jargon der Tabubrecher. Norman G. Finkelsteins Rezeption in der Jungen Freiheit, in: Surmann, Rolf: Finkelstein-Alibi. „Holocaust-Industrie" und Tätergesellschaft, Köln 2001, S. 154–172
Steinberger, Petra (Hg.): Die Finkelstein-Debatte, München 2001
Surmann, Rolf: Der jüdische Kronzeuge, in: ders. (Hg.): Das Finkelstein-Alibi. „Holocaust-Industrie" und Tätergesellschaft, Köln 2001, S. 104–125
Surmann, Rolf: Finkelsteins Polemik gegen die Jewish Claims Conference. Eine Einführung in die Problematik, in: ders. (Hg.): Finkelstein-Alibi. „Holocaust-Industrie" und Tätergesellschaft, Köln 2001, S. 10–19
Surmann, Rolf: Vorbemerkung, in: ders. (Hg.): Das Finkelstein-Alibi. „Holocaust-Industrie" und Tätergesellschaft, Köln 2001
Surmann, Rolf; Schröder, Dieter (Hg.): Der lange Schatten der NS-Diktatur. Texte zur Debatte um Raubgold und Entschädigung, Münster 1999
Sznaider, Natan: Das große Mißverständnis: Finkelsteins Holocaust, in: Piper, Ernst (Hg.): Gibt es wirklich eine Holocaust-Industrie? Zur Auseinandersetzung um Norman Finkelstein, Zürich 2001, S. 176–191
Walser, Martin: Erfahrungen beim Verfassen einer Sonntagsrede. Friedenspreis des Deutschen Buchhandels 1998, Sonderdruck, Frankfurt am Main 1998
Wierlemann, Sabine: Political Correctness in den USA und in Deutschland, Berlin 2002
Winkler, Ulrike: Beistand für deutsche Schuldner. Finkelstein und die Kontroverse über die Entschädigung von NS-Zwangsarbeit, in: Surmann, Rolf: Finkelstein-Alibi. „Holocaust-Industrie" und Tätergesellschaft, Köln 2001, S. 20–40
Wippermann, Wolfgang: „Jüdischer Scharfrichter"? Goldhagen und die „selbstbewußte Nation", in: ders.: Wessen Schuld? Vom Historikerstreit zur Goldhagen-Kontroverse, Berlin 1997, S. 98–122
Wolfrum, Edgar: Geschichte als Waffe. Vom Kaiserreich bis zur Wiedervereinigung, Göttingen 2002
Wolfrum, Edgar: Geschichtspolitik in der Bundesrepublik Deutschland. Der Weg zur bundesrepublikanischen Erinnerung 1948–1990, Darmstadt 1999
Wolfrum, Edgar: Geschichtspolitik in der Bundesrepublik Deutschland 1949–1989 – Phasen und Kontroversen, in: Aus Politik und Zeitgeschichte B 45/98, S. 3–15

Young, James E.: Formen der Erinnerns. Gedenkstätten des Holocaust, Wien 1997 (Original: ders.: The Texture of Memory. Holocaust Memorials and Meaning, New Haven/London 1993)

Young, James E.: Writing and Rewriting the Holocaust. Narrative and the Consequences of Interpretation, Bloomington and Indianapolis 1988

Zweig, Ronald W.: Historical Revisionism from Left to Right. Norman G. Finkelstein, The Holocaust Industry (Book Reviews), in: The Journal of Israeli History: Politics, Society, Culture, Bd. 20, H. 2–3 (2001), S. 208–216

Politische Kulturforschung

Herausgegeben von Samuel Salzborn

Die Buchreihe *Politische Kulturforschung* verfolgt das Ziel, die Tradition der bis in die 1990er Jahre hinein sehr aktiven und instruktiven Politischen Kulturforschung in der Bundesrepublik wieder aufzugreifen und damit einen Beitrag sowohl zur Reetablierung des Politische Kulturansatzes in der deutschsprachigen Politikwissenschaft, wie auch für dessen konzeptionelle Erweiterung zu leisten. Dem Konzept der Reihe liegt ein weit gefasster Begriff von Politischer Kultur zu Grunde, der gleichermaßen theoretische wie empirische, qualitative wie quantitative, institutionelle wie akteurszentrierte Ansätze und Perspektiven umfasst und miteinander vermitteln möchte. In Anknüpfung an den umfassenden Fokus der Politischen Kulturforschung soll dabei ein besonderes Augenmerk gelegt werden auf vergleichende Studien und solche, die auch eine historische Perspektive mit berücksichtigen.

Band 1   Samuel Salzborn (Hrsg.): Politische Kultur. Forschungsstand und Forschungsperspektiven. 2009.

Band 2   Stefanie Mayer: „Totes Unrecht?". Die „Beneš-Dekrete" – eine geschichtspolitische Debatte in Österreich. 2009.

Band 3   Marcus Meier: „Gewerkschaftsmäßig könnten sich ja vor allem für Deutsche einsetzen". Rechte Orientierungen unter jungen Gewerkschaftsmitgliedern. 2010.

Band 4   Floris Biskamp: Die Dramaturgie demokratischer Imperien. Über das Verhältnis von Imperialität und Demokratie in der Debatte um das *American Empire*. 2010.

Band 5   Hans-Christian Petersen / Samuel Salzborn (Eds.): Antisemitism in Eastern Europe. History and Present in Comparison. 2010.

Band 6   Johannes Zuber: Krise und Zerfall einer Weltmacht. Ursachen und Hintergründe des Scheiterns der UdSSR. 2011.

Band 7   Maximilian Elias Imhoff: Antisemitismus in der Linken. Ergebnisse einer quantitativen Befragung. 2011.

Band 8   Sascha Howind: Die Illusion eines guten Lebens. Kraft durch Freude und nationalsozialistische Sozialpropaganda. 2013.

Band 9   Marc Schwietring: *Holocaust-Industrie* und Vergangenheitspolitik. Norman G. Finkelstein und die Normalisierung des sekundären Antisemitismus in Deutschland. 2014.

www.peterlang.com

www.ingramcontent.com/pod-product-compliance
Ingram Content Group UK Ltd.
Pitfield, Milton Keynes, MK11 3LW, UK
UKHW041913140426
5217IPUK00002B/25